LE POULPE

J'IRAI FAIRE KAFKA SUR VOS TOMBES

LE POULPE

Jean-Bernard Pouy	*La petite écuyère a cafté*
Serge Quadruppani	*Saigne sur mer*
Patrick Raynal	*Arrêtez le carrelage*
Didier Daeninckx	*Nazis dans le métro*
Noël Simsolo	*Un travelo nommé désir*
Franck Pavloff	*Un trou dans la zone*
Paul Vecchiali	*La pieuvre par neuf*
Jean-Jacques Reboux	*La cerise sur le gâteux*
Claude Mesplède	*Le cantique des cantines*
Pascal Dessaint	*Les pis rennais*
Olivier Thiébaut	*Les pieds de la dame aux clebs*
Gérard Delteil	*Chili incarné*
Roger Martin	*Le G.A.L., l'égout*
Jean-Christophe Pinpin	*Les gens bons bâillonnés*
Bertrand Delcour	*Les sectes mercenaires*
Hervé Prudon	*Ouarzazate et mourir*
Guillaume Nicloux	*Le saint des seins*
Roger Dadoun	*Allah recherche l'autan perdu*
Pascale Fonteneau	*Les damnés de l'artère*
Sylvie Granotier	*Comme un coq en plâtre*
Romain Goupil	*Lundi, c'est sodomie*
Olivier Douyère	*Bunker Menteur*
François Joly	*Chicagone*
Michel Chevron	*J'irai faire Kafka sur vos tombes*
Mano Gentil	*Boucher double*

Du même auteur :
Fille de sang, Éditions Baleine,
collection Canaille/Revolver, réédition, 1996
Les Purifiants, Éditions Canaille, 1995

ISBN : 2-84219-034-3
ISSN : 1265-986X

LE POULPE

michel chevron

J'IRAI FAIRE KAFKA SUR VOS TOMBES

LE POULPE

ÉDITIONS BALEINE

À Auguste Chevron, mon père.

1 - Description d'un combat

Très vite pour EUX il a été trop tard.

ILS ont lâché le ragondin qui est tombé dans la boue en couinant et a sauté dans la rivière. L'eau sous la lune a produit d'ondulants cercles laiteux sur fond d'encre.

Le plus grand des Kafkas, un mâle, avait encore du sang autour de la gueule. La femelle était d'une tête moins haute que son compagnon. Elle avait aussi les lèvres souillées : sang et poils mêlés de l'animal échappé qui lui faisaient comme une moustache. Le vent s'était levé. Un vent qui enfilait le corridor de la rivière et soufflait son haleine mouillée sur la chaume des rives. Une poule d'eau démarra dans un fracas d'ailes et de palmes battant l'eau. Les Kafkas ne tournèrent pas la tête. Atterrés, ils regardaient venir à eux les chasseurs déployés.

Les chasseurs étaient deux. Ils avaient des fusils à pompe Fabarm Police Short à la culasse posée dans la saignée du bras. L'un des hommes pouvait avoir trente ans, l'autre allait sur septante. Ils portaient des pantalons de velours côtelé et des vestes Gore-Tex de toile huilée avec des évents aux aisselles. Leurs bottes foulaient sans précautions les labours humides maintenant que les Kafkas étaient baisés jusqu'à l'os.

Le vieux était pansu, bancroche et sanguin. Il avait un crâne pointu et chauve sous un bob-commando. L'homme dit quelques mots dans un portable téléphonique. Aussitôt deux phares s'allumèrent à la lisière bruissante des peupliers et un moteur s'emballa. Une bétaillère progressa sur les sillons coupant toute retraite aux Kafkas. Alternativement les phares éclairaient le ciel noir puis le labour qui prenait alors un aspect de tôle ondulée. De jeunes lapins mâchouillants s'égaillèrent. Le véhicule s'immobilisa à quinze mètres des Kafkas. Un projecteur mobile de toit s'alluma et les captura dans son faisceau.

On apercevait les feux de la ville à moins d'un kilomètre. Le vent qui glissait sur les eaux de la rivière polluée apportait jusqu'ici la puissante senteur de tanin de la cité mégissière. Les traits des chasseurs exprimaient une joie mauvaise tandis qu'ils approvisionnaient leurs armes en munitions spéciales ; c'était du gibier singulier qu'on chassait. Sur la berge les Kafkas piétinaient un tapis de feuilles pourrissantes et de menues branches mortes.

– J'en veux au moins un vivant, exigea le vieux, la femelle si possible !

– Dis p'pa, t'as vu la femelle. Tu la reconnais, non ?

– Ah ça, nom de Dieu, si je m'attendais. Pour une surprise c'est une fameuse surprise !

– Qu'est-ce qu'ils peuvent puer, se plaignit l'homme jeune qui arborait un badge représentant un arc bandé par une flèche démesurée, je m'y habituerai jamais.

– La femelle est belle, fit le vieux, elle pue mais elle est vraiment belle.

Les chasseurs s'étaient arrêtés à distance des Kafkas qui avaient levé les avant-bras devant leurs yeux pour se garantir de la lumière du projecteur. Les Kafkas étaient vêtus de sombre. La femelle portait une robe noire ajourée de petite dentelle sur la gorge. Le mâle avait un complet veston. Des accrocs çà et là sur leur mise laissaient apercevoir de la chair blanche. Quelquefois ils risquaient un regard. Apparaissait alors fugitivement une claire prunelle dans un œil en amande ourlé de rouge.

– Faut que je boive un coup avant ! dit le vieux.

Il avait coincé le Fabarm Police Short, canon bas, sous son bras gauche et extrait une flasque de Cognac de sa poche de veste. Il téta au goulot avec avidité. Des myriades d'insectes s'étaient rassemblés dans les cônes de lumière jaune des phares et du projecteur de la bétaillère. La multitude y menait une sarabande effrénée.

– Je me sens mieux, assura le soiffard qui revissait le bouchon du flacon.

– Dépêche-toi, p'pa !

– Aide-moi alors, nom de Dieu !

– Oui p'pa, fit l'homme jeune en soulageant le vieux du fusil.

L'homme bancroche s'essuya la bouche de sa manche de toile huilée et grimaça. Il manipula ensuite le portable téléphonique, le colla sur son oreille et intima :

– Arrive tout de suite j'ai besoin de toi. J'ai coincé un couple. Me faut absolument la femelle. N'oublie pas ton instrument. Comment ça ta leçon ? J'en ai rien à secouer de ta leçon. On est entre la sablière et les peupliers, là où y'a ces putains de terriers de ragondins.

La porte de la bétaillère s'ouvrit. Une silhouette descendit qui vint rejoindre les autres. Il s'agissait d'un homme en bleu de chauffe porteur d'un béret basque incliné sur l'oreille. Le vieux consulta sa montre et regarda les Kafkas qui s'étreignaient en tremblant.

– Ça va être l'heure.

Le type en bleu de chauffe revint à son camion. On entendit qu'il déverrouillait les portes arrières. Le vieux reprit son Fabarm Police Short. Des lambeaux de brume s'élevaient de la rivière. Dans les phares on aurait dit de la fumée blanche. La femelle Kafka chuchotait à l'oreille du mâle.

– C'est ça, c'est ça, causez ! fit le vieux.

Les chasseurs ouvrirent le feu et vidèrent l'intégralité de leurs chargeurs sur les Kafkas. En tout dix-huit cartouches de calibre 12/76 contenant les billes de plomb perforantes et les nodules.

Les Kafkas étaient maintenant disloqués sur le matelas de feuilles pourries. Le mâle avait la tête et le haut du corps dans l'eau de la rivière. Sa jambe droite reposait sur le thorax de la femelle. Le courant faisait osciller doucement ses épaules. Le silence retomba et on entendit le glissement furtif d'une couleuvre vipérine. L'homme au béret accouru en brandissant une perche télescopique à l'extrémité de laquelle se balançait un collet formé par de la corde à piano. Il la posa à terre et enfila des gantelets qui couvrirent ses avant-bras. Deux phares trouèrent la nuit sur la départementale et éclairèrent l'alignement des mégisseries. Le vieux dit :

– Voilà Chopin, c'est pas trop tôt !

L'auto coupa à travers champs. Un avion ou un satellite en perdition clignotait faiblement au-dessus d'eux. Une nuée masqua la lune. L'homme au béret fit un signe pour que la bétaillère éclaire plus bas. Le faisceau descendit et circonscrit les Kafkas. Une Twingo s'arrêta à l'écart et éteignit ses phares. Un homme en descendit et alla rejoindre en boitant les chasseurs. Il avait la cinquantaine, un visage rond et couperosé aux traits mous. Son abdomen débordait la ceinture. D'une main il exhibait un piccolo ; de l'autre il s'épongeait le front au moyen d'un Kleenex.

– Vraiment t'as pris ton temps, maugréa le vieux.

Chopin jeta un coup d'œil aux Kafkas et alla s'asseoir sur le marchepied de la bétaillère où il mit flûte en bouche et souffla comme s'il craignait que l'instrument fut bouché. Soudain il y eut comme une tension dans l'air et il fit presque froid.

– Attention ! prévint le vieux.

Chopin éloigna la flûte de sa bouche. Les chasseurs reculèrent tandis que l'homme au béret basque tendait sa perche précautionneusement. Les Kafkas commençaient à bouger.

Leurs poitrines se gonflaient lentement. Autour de la tête immergée du mâle de grosses bulles remontaient en chapelets. La femelle ouvrit les yeux, se dressa sur son séant, repoussa la jambe de son compagnon. Le jeune chasseur rechargea son arme.

– Vite ! fit le vieux en direction de l'homme au béret.

Celui-ci approcha la boucle métallique de la femelle en maniant précautionneusement la perche. Le mâle avait réussi à sortir sa tête de l'eau. La femelle réagit à peine quand la boucle glissa sur son visage et serra le cou. Ses yeux étaient vides. Elle parut seulement prendre conscience de la robe remontée sur ses cuisses minces. Maladroitement ses doigts effilés aux ongles pointus tirèrent l'étoffe vers le bas. Le mâle s'était mis sur les genoux.

– On lui fout encore une pétée ? proposa le jeune chasseur.

Le vieux soupesa la dangerosité du mâle et dit que ce serait perdre son temps. Il ordonna de l'entraver, d'être prudent surtout, qu'on allait s'amuser nom de Dieu. Les hommes contournèrent le Kafka mâle qui s'était assis. Il avait les cheveux ruisselants et de sa bouche pendait une algue verte. Ses yeux cillaient. Il reprenait ses esprits et *la lumière commençait à lui faire mal.*

Lorsqu'ils furent dans son dos, les hommes se propulsèrent sur le Kafka, non sans dégoût et lui empoignèrent les bras qu'ils tordirent vers l'arrière. L'homme au badge sagittal produisit des menottes qu'il crocheta aux maigres poignets. Puis dans un mouvement d'ensemble ils se jetèrent hors de portée du Kafka qui essayait de les mordre. On voyait deux canines blanches hors des lèvres retroussées.

La femelle s'était mise debout. L'homme au béret l'assujettissait au bout de la perche de métal léger qui se recourbait. Elle tentait de se débarrasser du nœud coulant mais ne faisait que se lacérer la gorge. Le couple de Kafkas se mit à pousser des cris semblables à des glapissements de renardeaux.

– Chopin, avant qu'ils ne soient hyperesthésiés on aimerait t'entendre, merde ! gueula le vieux.

Chopin s'assura du piccolo et attaqua les premières mesures de *La Cheminée du roi René*. Les Kafkas cessèrent immédiatement de s'agiter. Lorsque la mélodie de Milhaud évoqua la campagne aixoise, des larmes coulèrent profusément sur les joues des Kafkas. Au vrai ils étaient bouleversés. Le mâle dans un sursaut se mit sur pied et parla brièvement à la femelle.

Celle-ci acquiesça, leva les mains et s'obtura les oreilles.

Bientôt la mélodie arriva à ce final où le poétique agencement des notes nous dit que le jour descend dans le calme et la douceur. Le Kafka était convulsé de désespoir. La femelle avait fermé les yeux. Poignets liés dans le dos, le mâle tomba à plat ventre sur les feuilles pourrissantes. Les hommes armés étaient tordus eux aussi, mais par un bonheur sans mélange, et des larmes de joie coulaient sur leurs joues rudes de chasseurs. Le vieux vérifia d'un coup de botte que le Kafka était bien mort de chagrin. Après quoi, s'y mettant tous, ils passèrent une muselière à la femelle qui montrait ses crocs. On la fit grimper dans la bétaillère et on verrouilla les portières sur elle. L'homme au béret dévida le treuil d'une bonne longueur de câble et lia le défunt. La bétaillère démarra à fond la caisse. La belle couleuvre vipérine et les lapins mâchouilleurs virent rebondir sur les sillons le corps du Kafka.

2 - Un champion du jeûne

– Il me fait vraiment pitié cet homme ! s'affligea Gérard, le patron du célébrissime bistrot Au Pied de Porc à la Sainte-Scolasse.

Les familiers acquiescèrent d'un air entendu et jetèrent des regards affligés en direction de Gabriel qui ruminait à une table éloignée. L'atmosphère du troquet était devenue feutrée depuis que l'homme aux tentacules suivait un régime alimentaire. Une guêpe bourdonnait au ras du plafond, inconsciente des fenêtres grandes ouvertes. Des bruits lointains de fourchettes, de verres entrechoqués, d'exclamations enthousiastes provenaient de la salle à manger dont on avait à demi poussé la porte. L'été alanguissait la ville. Une brise chargée d'effluences de vernis frais arrivait paresseuse aux narines des habitués. Dans un atelier de l'avenue, *Radio Latina* diffusait *La canción de Buenos Aires* par un Gardel vraiment à son affaire.

– Plus rien n'intéresse Gabriel, reprit Gérard avec un mouvement du menton en direction de la pile de journaux, il ne les ouvre même plus.

– Six kilos de perdus, ça devrait suffire, pourtant ? s'insurgea Maria. Qu'est-ce qu'il lui faut de plus à Cheryl ?

– Elle serait pas devenue un peu conne cette nana ? s'inquiéta Gérard en passant une main incertaine sur sa bedaine.

– On peut la comprendre, remarquez ! exposa un maigre retraité. De nos jours une femme digne de ce nom n'a pas de satisfaction à se farcir un type gras.

L'aide-cuisinier Vlad se colla le torchon sur l'épaule et prétendit que le poids c'était pas l'important, que ce qu'il fallait surveiller d'un œil implacable c'était le pourcentage des cellules polynucléaires basophiles, éosinophiles et neutrophiles charriées par son raisiné.

Gérard regarda Vlad d'un drôle d'air.

– C'est que le moral de Gabriel est à zéro, exposa Maria. Faudrait un remède.

– J'en connais un ! prétendit Vlad en partant vers la salle à manger chargé d'un lot d'assiettes propres.

Chacun termina ce qui était dans son verre sans faire de commentaires. Après quoi on regarda par la porte ouverte s'allonger les ombres de l'autre côté de la rue. Carlos Gardel attaqua *Esta noche me emborracho*. On entendit l'épicerie voisine baisser son rideau métallique. La senteur de vernis était toujours aussi forte. La guêpe se posa avec circonspection sur le comptoir, plongea sa trompe dans une flaque anisée et parut prise de folie. Vlad revint. Tous les regards convergèrent sur lui. Le Roumain posa une pile d'assiettes sales sur la desserte. Léon le berger allemand se leva et fonça en faisant claquer ses ergots sur le carrelage. La guêpe dansait dans le sirop en étirant ses pattes à la manière d'un rat d'opéra. Léon, la truffe sur la pantalon de Vlad, se mit à aboyer comme s'il était le porte-parole du groupe.

– Alors, énonça Gérard, tu crois que tu vas pouvoir nous la jouer longtemps comme ça ?

– C'est au sujet du Polikarpov.

– Pardon ?

– Mon copain d'Angoulême a terminé les axes du train d'atterrissage.

– Ces pièces qui valent la peau du cul ?

– Oui.

– C'est une bonne nouvelle et c'en est pas

une, exposa Gérard, en ce moment Gabriel a pas une thune.

– Justement.

– Comment ça justement ?

– Mon pote il veut pas d'argent.

– Qu'est-ce qu'il veut alors, que je lui cède mon fonds de commerce peut-être ?

Vlad daigna sourire et précisa :

– C'est un émigré roumain.

– Depuis quand les Roumains crachent-ils sur le fric ? Toi par exemple, as-tu jamais refusé d'empocher le généreux salaire que je te verse ?

– Mon copain souhaite aider sa communauté.

– C'est plus qu'honorable, affirma le retraité.

– Comment cela aider sa communauté ? fit Gérard qui décocha un regard sombre au pensionné décharné.

– Il souhaiterait qu'en échange des pièces, le Poulpe aille donner un coup de main à une parente qui est dans la merde, exposa Vlad.

Maria regarda le Poulpe prostré, sourd à ce qui se disait, les yeux perdus dans la reproduction de la place de la mairie de Sainte-Scolasse.

– C'est vrai que ça pourrait lui faire grand bien, changer ses idées, apprécia-t-elle. Depuis combien de temps est-il inactif ?

– Il n'a pas bougé depuis le printemps. Ce serait quoi cette affaire, au juste ? questionna Gérard.

Deux heures plus tard Maria demandait à Gabriel ce qu'il désirait manger ce soir.

– Une fine tranche de jambon de Paris et un yaourt à 0 %.

– Comme boisson, une Kro ?

– Un verre d'eau, quelque chose sans trop de sels minéraux.

Gérard essuya nerveusement une table derrière le Poulpe puis une autre à côté.

– On te parlera tout à l'heure Vlad et moi ! laissa-t-il tomber.

Gabriel Lecouvreur chipotait. De la pointe du couteau il dessinait de vagues arabesques sur son jambon. Il avait à peine touché son quart Vittel.

– Vlad explique-lui, fit Gérard, donne-lui ta version, mais moi je suis pas d'accord, c'est trop dangereux. Pourtant je suis sûr qu'un peu d'exercice lui aurait fait du bien. Et puis tant que j'y suis, tiens, je vais vider mon sac une fois pour toute.

Le Poulpe parut émerger d'un rêve lointain.

– Faut pas tout mélanger, protesta Vlad.

Gérard leva un index accusateur sur Gabriel et déclara :

– J'ai le regret de dire que Cheryl t'est néfaste. Elle ne peut pas exiger que tu crèves de faim. Et je vais t'expliquer ce qui me fait le plus mal !

– Tu souffres de quelque chose ? s'enquit Gabriel.

– N'espère pas t'en tirer avec des insolences, avec moi ça ne marche pas mon gars.

– Il faudrait aller à l'essentiel, estima Vlad.

Gérard ignora et poursuivit :

– Ce qui me bousille la santé, Poulpe, c'est que tu marches dans la combine de cette nana. Tu es devenu un mouton... Tu vois, t'es sans réaction. Rien n'a d'effet sur toi. Est-ce que tu te préoccupes seulement encore de ton avion ?

– Les axes du train d'atterrissage sont terminés, précisa Vlad.

– Pourquoi vous ne me l'avez pas dit plutôt ? sursauta Gabriel, combien je lui dois à ton copain José ?

– Il veut juste que tu lui rendes un service.

Et Vlad expliqua brièvement de quoi il s'agissait.

3 - Joséphine la cantatrice

Gabriel Lecouvreur alla prendre le train pour Angoulême. Sur le quai de la gare d'Austerlitz l'air ne bougeait pas plus que celui d'un étang oublié. La sueur trempait ce qui restait encore sur l'échine des voyageurs. Des femmes avaient relevé et coincé leur robe dans la ceinture, sur le côté. Le Poulpe eut un regard nostalgique pour ces hanches découvertes et se hissa dans un wagon Corail. Il y avait un homme dans son sillage : un chauve, à la veste Cerruti pliée sur l'avant-bras, qui grimpa également dans le Corail mais en queue de convoi.

Le voyage fut un long et pénible travelling moite sur des prés et des champs brûlés de soleil et des cités sans ombre. Le Poulpe se trouvait maintenant devant la gare d'Angoulême, bagage au pied, mort de faim et de soif surtout, consultant des notes portées sur une page de papier quadrillé. Pendant que les voyageurs s'égaillaient, Gabriel calcula qu'il lui restait deux heures environ avant de rencontrer José Antonescu, l'homme qui devait lui remettre les arbres de roue. Il se mit en marche avec l'impression de progresser dans un sauna. Il prit une chambre dans le premier hôtel rencontré. C'était Le Bey de Tunis. Quand il se fut longuement douché à l'eau froide, il enfila un jean et un Marcel noir. La réceptionniste, vraisemblablement la tenancière, jupe retroussée sur de belles cuisses brunes, baignait ses pieds dans le liquide d'une bassine à la surface duquel flottaient des rondelles de citron vert.

– Vous souffrez des extrémités ? s'enquit le Poulpe.

– Non, je resserre mes pores. Comme astringent le citron est plus agréable que le perchlorure de fer. J'aime avoir le pied beau, vois-tu !

– Connaîtriez-vous un remède pour diminuer cela ? (Il flatta son abdomen). Je crains de perdre ma bien-aimée à cause de cet élément qui échappe à mon contrôle.

La femme réfléchit et dit :

– Il y aurait bien ce baume.

– Lequel ? S'il se montre efficace je vous autorise à majorer le prix de la piaule de 10 %.

– Le citron ! En massage avec de l'huile de pépins de raisins. En principe il n'y a pas meilleur pour que la peau se retende et effectue sa vraie besogne de maintien des organes.

Le Poulpe observait la gorge dénudée et palpitante de la tenancière. Une légère transpiration l'emperlait. Les orteils en éventail de la femme taquinaient les rondelles de citron. Le liquide clapotait comme l'eau d'un bassin émulsionnée par un pourchas de poissons d'agrément.

– Si vous effectuez personnellement ce massage je pense que, sans léser les deux parties, vous pourriez légitimement aller jusqu'à 20 % d'augmentation.

– 30 ?

– Marché conclu ! Dès mon retour je vous fais signe ; préparez cet onguent. Ah, sauriez-vous où se trouve un cabaret appelé Fangs ?

Elle lui dit qu'elle savait, que ce n'était pas loin, en sortie de ville. Le Poulpe se fit conduire à la boîte de nuit, une église désaffectée sur la route de Mata. Le chauffeur du taxi avait sur les genoux un grand chien d'un vilain poil beige. L'animal ronfla bruyamment et bava pendant le trajet, détrempant la culotte du nuiteux, son maître, également de mauvais poil. Il venait de tomber une pluie d'orage. L'air était saturé d'ozone. L'enseigne rouge du cabaret gothique faisait étinceler une théorie de carrosseries et jetait des taches de sang sur le parvis mouillé.

Un physionomiste inspectait les arrivants sous le porche orné de saints décapités. L'homme était petit et raide dans un smoking amidonné. Son pantalon s'arrêtait en haut des chevilles. Le professionnel leva la tête et passa Gabriel au laser de son regard gris. Gabriel versa son écot à une femme au visage clownesque coiffée d'un chapeau melon.

À l'intérieur de l'église c'était une orgie de décibels, une overdose de sons crachés par des amplis gigantesques qui flanquaient la nef et le tournis et faisaient frémir l'édifice sur son fondement. Gabriel se trouvait au cœur d'une démentielle pulsation à la syntaxe brisée, d'une intensité bien supérieure à la violence fortissimo d'un orgue quand le tutti de cent jeux se déchaîne. Cela dura quinze longues minutes pendant lesquelles Gabriel tenta en vain dans la foule en transe d'identifier José d'après le portrait que Vlad avait brossé. Enfin le bruit tomba d'un coup. Un type maigre et nerveux grimpa sur la scène en place de l'autel. Il était gainé de vinyle noir, avait le crâne rasé, les génitoires en relief et exhibait une large dentition. Il se saisit d'un micro.

– Est-ce que c'est cool ?

– Ouiiiiiii, hurla la foule.

– Avez-vous bien joui ? s'enquit l'orateur.

– Ouiiiiiii.

– Maintenant devinez qui vient chanter ce soir ?

Une créature gigantesque avançait sur scène en se déhanchant avec ostentation.

– Joséphine ! Joséphine ! scanda la foule.

– Ouiiiiiii fit l'homme, Joséphine la cantatrice !

La créature était juchée sur de massifs et vertigineux talons de bois. Elle portait une perruque blonde. Ses lèvres étaient peintes d'un rouge écarlate et son nez supportait des lunettes noires aux verres ronds. Un body moulait ses exceptionnels poumons alors que sur ses cuisses voletait une jupette fendue. La créature s'immobilisa près de l'homme de vinyle qui lui abandonna son micro d'un air extasié. Un silence absolu se fit dans l'église. Les lumières s'adoucirent et finirent par s'éteindre. Un projecteur prit la cantatrice dans son faisceau. Le Poulpe sentit un frisson lui parcourir l'échine. Il en oublia son rendez-vous et n'eut d'yeux que pour le spectacle offert par cette femme étrange qui redressait la tête en écartant les bras. Une silhouette s'approcha de lui.

– Fumette ?

Gabriel ne broncha pas.

– Ecstasy ou coke, mec, pour booster ta perception des hautes fréquences ?

Le Poulpe dit que non, que pour l'heure il ne souhaitait rien booster, plus tard peut-être.

– Échantillon, je repasse dans dix minutes ! fit alors la silhouette en glissant dans sa main un sachet.

La silhouette s'éloigna. Une autre se posta à cinq pas derrière lui. Elle était enveloppée d'un costume Cerruti incongru ici. La voix de la cantatrice s'éleva. Une alto grave, qui exprimait une douleur profonde.

Lasciate mi morire !
E che volete voi, che mi conforte

in cosi dura sorte,
in cosi gran martire ?
Lasciate mi morire !

Quel pied cet organe, songea le Poulpe, quelle agréable contrée, quelle peuplade accueillante finalement ! Il tâta la pochette qui semblait contenir du sucre glace et se dit qu'il allait, pourquoi pas, booster sa perception. Un objet contondant meurtrit soudainement son rein droit.

– Poulpe, surtout tente rien ou j'éclate ton rognon !

Dans le même temps la cantatrice y allait de toute la gamme de sa voluptueuse voix sombre.

– Vergeat, elle est bien bonne celle-là ! fit Gabriel sans tourner la tête et laissant tomber discrètement le sachet.

– Tu m'as reconnu ? jubila l'homme.

– J'ai senti ton haleine acide de poulet. Je te préviens que dans une minute je te vole dans les plumes. Dans deux je tords ton cou. Dans trois je nique ton gésier.

La pression de l'arme se fit plus douloureuse.

– Poulpe, je t'arrête pour détention de stupéfiants. Loi du 17 janvier 1986, articles 2 et 4. Ça peut te coûter jusqu'à cinq ans de placard en fonction du jury. Ça c'est pour commencer, le reste je vais m'employer à le déterrer.

– Comment m'as-tu repéré, Vergeat ?

– Un de mes indics t'a reconnu dans le métro et suivi. J'ai fait fissa, tu penses. Maintenant on va se barrer d'ici discrètement. Tu es pathétique mon pauvre vieux ! assura Vergeat en ramassant le sachet de poudre alors que la lumière revenait.

Du canon il poussa Gabriel. Les amplis se remirent à marteler. La cantatrice avait disparu. Les deux hommes passèrent devant le physionomiste qui leur octroya un regard neutre. Dehors il faisait aussi chaud qu'à l'intérieur, bruit en moins. Vergeat désigna une voiturette garée au flanc de l'église.

– Une location. C'est pas bien grand mais pour nous deux ça suffira. Je vais te passer les bracelets.

– T'as pas réussi à obtenir le permis de conduire ? questionna Gabriel en élevant le ton et s'efforçant de ne pas regarder derrière le policier.

L'homme rougit et produisit une paire de menottes.

– Tes poignets !

Il crocheta la dextre du Poulpe et reçut dans le même temps et sur l'occiput deux coups conséquents. L'homme s'effondra sur le pavé où son crâne sonna encore. Le Poulpe eut un regard de gratitude pour la cantatrice qui rechaussait sa démentielle godasse-massue.

– Merci. Tiens c'est stupéfiant, vous paraissiez plus grande sur scène. J'ai craint un instant que ce sot ne s'aperçoive de votre approche. Probable qu'il est dur de la feuille.

– Qui est cet homme ? Je ne l'avais jamais vu, pourtant je connais tout le monde ici, indiqua la diva de sa tonalité d'alto.

– Un vieux flic mytho. Et vous ? Je veux dire, pourquoi m'aider aussi radicalement ?

– Devine, ma biche… J'ai hésité entre cogner ou mordre. Probable que je l'ai tué !

– Non, voyez il commence à bouger. Dites, j'ai un renseignement à vous demander.

– Vas-y, jeune homme !

– Connaîtriez-vous un certain José ?

4 - Amérique

Ils roulèrent dix minutes puis Joséphine se rangea sur le bas-côté.

– Je dois me changer !

La cantatrice descendit et alla ouvrir le coffre d'où elle extirpa un sac de sport. Elle se déshabilla sur l'herbe. Le Poulpe la vit avec consternation enlever sa perruque, ses faux seins et manipuler ses organes génitaux.

– Ils sont scotchés sur l'arrière. Une proéminence sous la jupe la ficherait mal.

Elle enfila une combinaison bleu de travail mais conserva les lunettes noires.

– Dans vingt minutes je pointe à l'usine (elle rit). Ce n'est pas une vie de tout repos que celle de Drague Queen ! Tu aimes ma voix ?

– Elle est belle, avoua le Poulpe avec émotion.

Joséphine remonta dans la Renault 19 et se démaquilla le visage à l'aide de cotons. Des poils bruns apparurent au menton.

– Un sacré boulot d'apprêt quotidien : fond

de teint, rouge à lèvres, pommades… Il est possible que je me fasse siliconer les nibars, qu'est-ce que tu en penses toi ? Rien ? Mes canines, tous les deux mois je les lime. Vlad t'a mis au courant ?

– Au courant de quoi ?

José-Joséphine démarra et reprit la route. L'aube apparaissait sur les guérets en même temps qu'une brume diffuse.

– Avoue que tu ne t'attendais pas à trouver José en diva dans cette boîte ?

– Tu chantais quoi ?

– Du Monteverdi. Le *Lamento d'Ariane*.

En périphérie d'Angoulême, José emprunta une série de raccourcis et ils se trouvèrent en vue d'un complexe industriel.

– Moteurs électriques Leroy-Somer. Site Rabion. Premier constructeur européen. Cette semaine je suis d'équipe du matin (il donna une chiquenaude à ses lunettes noires). Je ne te dis pas la fatigue des yeux et les maux de tête. Enfin, il faut bien s'adapter à la lumière, hein ?

José négligea un grand parking et arrêta la Renault 19 dans une étroite transversale bordée de pavillons branlants aux jardinets déshérités. On y voyait quelques mobylettes désossées mariées à de l'herbe folle. José dit à Gabriel de l'attendre, qu'il serait de retour dans dix minutes pas plus avec les arbres de roue pour son zinc ruskoff. Le Poulpe se rencogna et combattit le sommeil qui venait en s'interrogeant sur ce que signifiait tout ce cirque.

Ce fut un ronronnement insistant qui le réveilla. Un engin s'était positionné à sa hauteur. Le soleil levant mettait en relief le label Fenwick sur la fonte de l'engin et faisait luire l'ardoise d'un appentis ruiné. Sans couper le moteur José se laissa glisser du siège et tapota le pare-brise de la Renault 19. Le Poulpe bâilla et sortit du véhicule.

– Vous gardez toujours ces lunettes ? demanda-t-il à José qui s'était accroupi entre les bras du Fenwick et soulevait les axes de roue.

– Un de mes potes tourneur les a usinés. C'est du costaud. On a fait une cémentation, ça ne peut pas péter. Tu seras content. Il a respecté les crobars que Vlad a envoyés. Oui mes lunettes je les ai constamment sur le nez, les collyres atténuent mais ça ne fait pas tout, comment veux-tu ? dit-il avec embarras.

Il contourna l'engin en grimaçant sous l'effort pour aller au coffre de la Renault 19. Le Poulpe avait de la difficulté à faire coïncider cette image de prolo avec celle, extraordinaire, de la créature callipyge chantant de l'opéra sous l'éclat des projecteurs.

– Tu gardes la tire le temps qu'il faut, reprit José. Je me débrouillerai. Les papiers sont dans la boîte à gants. Milena t'expliquera ; faut que tu l'aides à retrouver sa... sœur.

– De la famille à vous ?

– En quelque sorte. Enfin c'est un peu compliqué. Tu verras, c'est galère là-bas.

– Galère ?

José déposa les pièces mécaniques dans le coffre de la voiture qui s'écrasa sur ses amortisseurs. Il les cala ensuite avec des chiffons pour qu'elles ne roulent pas.

– Je t'ai mis l'adresse de Milena, une carte et des indications avec les papiers de la bagnole. Ça se trouve à quatre-vingts bornes d'ici en direction de Chatellerault. C'est tout ce que je peux faire. J'ai coupé les ponts, moi. On t'attend. Bonne chance, j'ai confiance en toi, Sang Chaud !

– Sancho ?

José rit et fit avec ses doigts une sorte de V de la victoire renversé. Il se saisit du sac de sport contenant l'habit de lumière et escalada prestement le transpalette. Bientôt l'engin ronfla, exécuta un demi-tour serré et fila à grande vitesse sur l'usine.

La Renault 19 resta dans l'allée solitaire une demi-heure pendant laquelle Gabriel Lecouvreur étudia la carte en jetant de temps à autre un regard méditatif sur l'installation industrielle. À 9 heures il démarra, revint à son hôtel et boucla sa valise. Il déposa la clef de la chambre à la réception et régla.

– Tu as passé la nuit au Fangs ? questionna la tenancière.

– Au Fangs et ailleurs aussi, dit le Poulpe.

– Je t'ai attendu pour le massage.

– Ce n'est que partie remise.

– J'ignore si j'en aurai le goût demain, observa la dame.

– J'ai payé. C'était un accord contractuel, non ?

– Ouais, opina la tenancière après réflexion, on doit respecter ses marchés !

Gabriel prit la route. Une heure plus tard il s'arrêtait à Confolens, cité bardée d'oriflammes et de panneaux à la gloire d'un festival folklorique. Dans une brasserie, au son lancinant d'une flûte andine, il se tapa des Francfort-frites qu'il fit couler à l'aide d'une Kölsch au goût sec rehaussé d'un filet de citron. Au diable Cheryl et son régime ! se dit-il avec déréliction.

Plus tard, un peu enfiévré, il se retrouva sur la route à appuyer sur le champignon. Il traversa des forêts épaisses et sombres où le soleil n'atteignait que rarement les choses rampantes sur la mousse. Il croisa quelques rares voitures particulières aux vitres opaques et seulement un gros cul qui enchaînait les embardées et dont on pouvait raisonnablement conjecturer que son chauffeur était ivre au-delà de toute mesure. L'autoradio ne fonctionnait pas, aussi le Poulpe n'avait que le ronflement du moteur comme accompagnement sonore. Sur le bas-côté, dans une arborescence de fougères géantes, il examina avec application la carte routière et établit la fin de son itinéraire. Après quoi, dans une grande solitude, il emprunta un méandre de voies secondaires puis vicinales dans lequel il se fourvoya et perdit du temps à opérer diverses manœuvres de retraite. Enfin, fatigué, il s'arrêta de nouveau avec l'idée de reprendre des forces l'espace de quelques minutes et s'endormit profondément.

Dans le même temps, le policier des RG Jacques Vergeat s'éveillait à l'intérieur de son étroit tapecul. Une balayeuse nettoyait le parking du Fangs. Vergeat tâta avec circonspection ce que sa maman, cinquante-huit années auparavant, appelait fontanelles et baisait tendrement de ses douces lèvres parfumées. Les rares cheveux du policier étaient collés par du sang séché. Le cuir était déformé par une bosse monstrueuse. Il grinça d'humiliation et de douleur. Lorsqu'il vit que sa veste Cerruti était fendue au coude et souillée au col (morve et sang), des larmes d'indignation baignèrent d'abondance son visage sévère de fonctionnaire.

Gabriel se dressa avec un hoquet et heurta de l'oreille et du rocher la vitre latérale incurvée. Il jura très grossièrement et mit un instant à se rappeler où il se trouvait. D'une main il se frotta les yeux, de l'autre il massa délicatement ses meurtrissures. Le soleil était au zénith. Il consulta sa montre qui affichait « 11:38 ». La chaleur était asphyxiante. Il descendit les deux vitres latérales et obtint un maigre courant d'air chargé de relents forestiers. Puis il mit le contact.

Moins de vingt minutes plus tard le Poulpe surplombait la cuvette de Sainte-Croix-des-Eaux. En contrebas s'étirait une petite cité industrielle qui se répandait à partir de sa rue principale. On remarquait surtout un gros cours d'eau et des hangars ainsi que des maisons vétustes entre une muraille et la rivière. Le Poulpe coupa le moteur, serra le frein à main et ouvrit le guide que José avait joint aux documents. Il lut ceci :

«À l'écart des grands axes et des concentrations industrielles ou touristiques, Sainte-Croix-des-Eaux présente un cadre naturel où il fait bon vivre et travailler. C'est si vrai qu'aujourd'hui encore on la surnomme "Amérique". Il sauta quelques lignes et continua. *Le cuir fut utilisé chez nous dès l'époque de la Gaule primitive. Il faudra attendre 1860 environ, pour assister à la naissance de l'industrie proprement dite. Trois facteurs essentiels ont contribué à faire de la ville un centre de mégisserie et de parcheminerie :*

1. La région fut autrefois une région d'élevage fameuse pour ses moutons.

2. Sainte-Croix-des-Eaux est placée sur un cours d'eau nécessaire à l'installation des usines.

3. Sainte-Croix-des-Eaux a bénéficié depuis les années 70 de l'apport d'une abondante main-d'œuvre roumaine qui a permis d'abaisser la charge salariale patronale.

Aujourd'hui, bien que sérieusement ébranlée par la récession qui provoque un chômage massif, la Mégisserie-Parcheminerie subsiste grâce a l'esprit de créativité qui anime ses chefs d'entreprise.»

5 - La Muraille de Chine

À la fenêtre de sa chambre d'hôtel le Poulpe regardait le ciel plombé et bas comme un couvercle posé sur la vallée. Pourtant les rejets en sels de chrome et aluminium ne se faisaient que dans la rivière. Le barman de l'hôtel le lui avait expliqué en concluant «la Gardoise est morte ; y'a plus rien qui y pousse ou qui y vit. Dans le temps j'y faisais de sacrées prises, vous pouvez me croire. En plus à chaque pêche je rapportais deux ou trois bottes de cresson à ma grosse qui en était friande !».

Quand sa peau fut sèche Gabriel revint dans la salle de bains, vida la baignoire, se coiffa, se vêtit et alla ouvrir car on frappait à la porte. Normalement il est souhaitable de prendre au sérieux l'homme qui vous colle brutalement le canon d'un revolver sur le front. C'est ce que fit le Poulpe, il prit l'homme armé au sérieux et l'invita à s'expliquer ; pourquoi tant de violence ? On n'est pas des barbares !

L'arrivant avait dans les trente printemps. Il était râblé, quatre-vingts kilos de viande dure, cheveux ras sous une étroite casquette de parachutiste. Ses yeux étaient deux pierres grises enchâssées dans une face osseuse et tannée. Il remplissait une courte veste de combat et un jean qui moulait ses burnes. Il portait un ceinturon garni de mousquetons auxquels étaient suspendus un walkie-talkie, une torche Madglite, un sifflet, une matraque de caoutchouc plombé, une bombe lacrymo, un coup de poing américain et une paire de gants de cuir. Malgré le poids et l'encombrement du matos il se déplaçait avec souplesse dans des Rangers graissés de frais. Le canon du revolver ne collait plus au front du Poulpe mais pointait une zone d'un centimètre carré située entre ses deux yeux. L'arrivant se mit à sourire sans que l'arme dévie d'un pouce.

– Étranger ?

Le Poulpe acquiesça.

– Montre tes papiers !

Le Poulpe tourna la tête en direction de sa valise ouverte.

– D'accord, va les chercher mais au premier geste brusque je te farcis la panse.

Gabriel haussa les épaules et s'exécuta.

– Clément Prieur ? lut l'homme qui palpa la carte d'identité et la renifla avec dégoût.

– Comme vous pouvez sentir ! ironisa le Poulpe.

– Qu'est-ce que t'es venu foutre ici, Toto ?

– Je suis visiteur médical. Représentant en produits pharmaceutiques, affirma Gabriel qui luttait maintenant contre la colère.

L'arrivant rit d'un air entendu sans que ses yeux ne se réchauffent d'un poil.

– Tiens donc !

– Je travaille sur catalogue. Qui êtes-vous, police ?

– C'est ça, tu l'as dit, mon con joli.

– Vous employez un langage rude ! observa le Poulpe dans un effort de conciliation.

L'homme toisa Gabriel avec morgue en ébauchant un sourire.

– Je vais te lâcher la grappe pour aujourd'hui, Toto !

– Ça me paraît une idée épatante.

L'homme fit pivoter lentement le revolver au bout de son bras comme si c'était un objet mystique. Il ne souriait plus. Il semblait en proie à une idée contraignante et se mit à respirer avec difficulté.

– Qui me prouve que t'en es pas un ? fit-il sibyllin. Ouvre ta sale gueule !

– Pardon ?

– Bien grande. Allez, desserre ces putains de dents !

Le front de l'homme se couvrit de sueur. Les gouttelettes grossirent et coulèrent jusqu'à ses yeux d'agate anthracite qui ne clignèrent pas. Un fou, pensa le Poulpe en ouvrant la bouche d'un air idiot. Dehors le vent s'était levé. Des volets claquèrent sur des façades.

– Bon… peux la fermer. C'est vrai, tu portes pas de lunettes et tu refoules pas du goulot. Putain, pourtant qu'est-ce que j'aurais aimé en cartonner un en centre-ville ! assura l'homme armé, avec amertume. Faudra pas moisir à Sainte-Croix-des-Eaux, Toto, ici on n'a qu'une pharmacie !

– Et un hôpital.

– Il est privé, les commis voyageurs n'y entrent pas !

L'homme respirait plus aisément. Il considéra un instant le revolver avec incertitude. Son regard s'oxyda. Il soupira et nicha l'arme amoureusement dans un holster en peau de chamois. Ses yeux revinrent sur le Poulpe.

– Je m'en vais, Toto. Je ne crois pas te revoir jamais. Si c'était le cas ce serait préjudiciable pour toi.

– J'ai saisi l'allusion, assura le Poulpe qui voyait rouge.

Quand l'homme de guerre eut disparu, il verrouilla la porte. Le téléphone sonna.

– C'est Cheryl ! J'ai eu ton message au moment où je rêvais de tes lèvres coriaces. C'est drôle non, ce désir justement à cet instant-là ? Est-ce que c'est réciproque ?

Gabriel l'assura que ça l'était, qu'il avait lui aussi le désir ardent de poser la bouche sur sa dulcinée, là surtout où ça chatouille le nez et fait éternuer, si on n'y prend garde, comme lorsqu'on hume anxieusement aux petits orifices d'une poivrière coincée entre les dents du père Noël. Seulement voilà pour l'instant c'était impossible.

Il prit congé, appela le Pied de Porc et demanda Vlad. Gérard lui dit que l'aide-cuistot était absent, malade et que cette défection foutait un sacré bordel dans l'estaminet en raison de toute cette pitance que sa femme Maria devait concocter seule en pleine canicule. Pouvait-il imaginer, lui Gabriel qui se la coulait douce dans la campagne venteuse, ce que représentaient comme dégâts sur la plastique d'une femme encore vachement appétissante deux fours industriels carburant à plein régime et qui crachaient une épouvantable quantité de thermies sur les cuisses, le ventre, les seins de la belle ?

Gabriel affirma que le dispositif qui mettrait à bas la beauté de Maria n'était pas encore érigé et il laissa son numéro de téléphone pour que Vlad l'appelle à son retour. Ensuite il quitta l'hôtel et prit à pied la direction de la Muraille de Chine.

Dans l'air immobile tout au long de la rectiligne rue principale qui descendait en pente douce jusqu'à la muraille, magasins et maisons à un ou deux étages exposaient leurs façades pimpantes à l'œil du flâneur. Ce qui frappait c'était les volets clos. Même du côté de la rue à l'ombre, rares étaient les fenêtres ouvertes. Encore plus rares étaient les passants. Par contre on entendait des radios et des téléviseurs diffuser sourdement dans le secret des habitats. Une moteur ronfla dans le dos du Poulpe. Il se retourna. Ce n'était pas le guerrier aux yeux anthracites comme il s'y attendait mais un gaillard du même type en plus âgé et maigre pilotant une Jeep. L'homme lui décocha un long regard suspicieux et le véhicule aux larges pneus sculptés poursuivit son chemin. Une sirène retentit. Il était 18 heures à la montre de Gabriel. C'était la sortie des mégisseries. La rue se remplit soudainement d'une flopée de vélos et cyclomoteurs chevauchés par des ouvriers taciturnes encore en bleu de chauffe et pliés sur leurs guidons.

Le ciel se découvrit et un rose glorieux apparut. Une brise chargée d'une senteur tannique se leva, balaya la ville et rida la surface de la rivière que Gabriel ne pouvait voir à cause de la muraille. L'aspect des demeures devenait moins agréable. Certaines d'entre elles menaçaient ruine. Les fenêtres n'étaient plus fleuries et des chapelets de gousses d'ail pendaient au-dessus des portes. Des planches clouées maintenaient les volets fermés. Un petit peuple s'activait sous des appentis à réparer du mobilier vétuste et aussi d'antiques appareils ménagers. C'était une humanité industrieuse qui pouvait ressembler à toi ou moi dans une cité tiers-mondiste. Personne ne semblait prêter attention à Gabriel. Il avança au milieu de cette agitation sans que quiconque ne portât sur lui le moindre regard.

L'érection de la muraille pouvait dater du moyen âge. Son appareil de pierres granitiques avait survécu au temps et aux intempéries. Seule sa crête avait morflé ; déchiquetée et noircie, elle se détachait à six ou sept mètres du sol comme une eau-forte. À sa base on avait peint récemment en grosses majuscules blanches la sentence suivante :

COLONIE PÉNITENTIAIRE
MORT AUX KAFKAS

Gabriel approcha d'une poterne obstruée par un véhicule carbonisé. Il piétina des douilles percutées et s'immisça entre la calandre noircie du véhicule défunt et la voûte qui sentait l'urine rance. Pantalon maculé, mains éraflées, il se retrouva bientôt de l'autre côté sur une manière de parvis face à ce qui devait être jadis la vraie Sainte-Croix-des-Eaux. Un écriteau vraisemblablement arraché à l'original proclamait qu'on se trouvait place Romana.

La population y était invisible en dehors d'un jeune mec à l'allure fatiguée qui le dévisagea en braquant sur lui le verre noir de ses lunettes. Une profusion de maisons moyenâgeuses, aux toits pentus, s'appuyaient les unes aux autres. Celles proches de la Muraille de Chine étaient les plus abîmées : couvertures déchirées qui laissaient voir un encéphale de poutres et chevrons à vif, bâtis à demi-ruiné, quadrilatères de gravois mangés de ronces et recouverts de fins treillages sous lesquels Gabriel vit courir des cohortes de muridés : gerbilles, lemmings, et un ondatra adolescent qui frottait avec vivacité ses minuscules testicules sur une brindille sèche. Il consulta le crobar sommaire de Joséphine et s'orienta dans le dédale des ruelles qui descendaient vers la rivière.

Au vrai, lorsque Gabriel dénicha le 7 de la rue de l'Estrapade, dix minutes déjà s'étaient écoulées depuis qu'il avait franchi la poterne. Il secoua une poignée métallique et attendit en considérant les eaux boueuses de la rivière qui sapaient la berge non stabilisée.

– Ouiii ? fit une voix geignante.

– *Je viens pour la collecte du sens !* annonça Gabriel comme Joséphine, en s'esclaffant, lui avait demandé de dire.

6 - Une petite femme

La maison avait dû être une construction solide et agréable encore au siècle dernier, se disait Gabriel en suivant le vieillard cacochyme qui lui avait ouvert. Ils parcoururent un couloir imprégné de cette humide fraîcheur qui donne comme on sait l'envie si impérieuse d'uriner sur le champ. Des quartiers de plâtre pendaient sur le papier déchiré des murs. Ils parvinrent dans une vaste pièce encombrée de meubles vermoulus aux tissus fanés. De sa voix bêlante l'homme dit qu'il était l'oncle de Milena et s'appelait Kafka. Il commanda à Gabriel de s'asseoir et partit en traînant les pieds. Il n'y eut plus d'autre bruit dans l'atmosphère uligineuse fleurant l'encens que celui décroissant des savates du vieux polissant le carrelage. Un vitrail serti dans une étroite fenêtre entrouverte faisait danser des taches colorées sur un mur.

– Elle te demande de patienter. Elle vient juste de s'éveiller !

Le Poulpe sursauta, il n'avait pas entendu revenir le vieux.

– Vous disiez ?

– Depuis la disparition de Felice, Milena se fait du mauvais sang pour sa sœur. Elle n'a plus d'appétit. Quatre jours maintenant. C'est une sale guerre qui nous est faite. Son fiancé aussi a disparu.

– Ils ont pu partir ensemble, quitter cet endroit pour un autre plus… moderne.

Il y eut à ce moment-là comme un courant d'air. L'atmosphère devint plus fraîche. Le vieux s'était redressé. Gabriel sentit ses cheveux se dresser sur sa nuque. Il sut qu'*ELLE* était entrée dans la pièce et se retourna.

Les yeux. Plus grands et plus clairs qu'il n'ait jamais vu, en amandes, démesurés. Des prunelles pâles d'une intense curiosité. Mais pas l'ombre d'un sourire. Un petit chignon noir à l'ancienne sur la nuque. Une petite taille. Une petite femme de trente ans paraissant immense dans sa robe en léger poult-de-soie.

– Tu veux boire quelque chose, sûrement ? s'enquit le vieux.

– ...Oui, une bière si vous avez.

Le vieux disparut encore une fois pendant que la femme, avec l'élégance d'une danseuse classique, venait s'interposer entre la fenêtre et Gabriel.

– J'ai horreur de la lumière !

Ce furent les premiers mots que Gabriel lui entendit prononcer. Sa voix était rauque. Un timbre qui jouait avec l'épiderme. Le jour finissant sculpta traîtreusement le corps de la femme sous la robe, modela le galbe des jambes, des hanches, etc., pourtant Gabriel n'osa pas se risquer à désirer cette femme.

– Ce nom de Kafka que porte votre oncle c'est vraiment confondant ! s'étonna-t-il soudain.

Les yeux pâles le scrutèrent intensément.

– C'est celui que son père lui a donné ! Notre famille éprouve une passion pour ce Tchèque admirable. À Bucarest ma soutenance de thèse avait pour titre : *Kafka et la métamorphose du sang*.

– Sans blague ?

Le front de la femme se plissa.

– L'ironie des *Sangs Chauds*, hein ? Convenez que cet homme a produit des textes étonnants ; je les connais par cœur. Ça vous surprend ?

– Non ! assura Gabriel conciliant, quoique Vlad et José n'aient pas été bavards sur votre famille.

– José est quelquefois déconcertant ; la pesanteur du mythe sans doute !

– Vous voudriez donc que je retrouve votre sœur ?

– Oui. Les femmes sont très prisées par nos ennemis Sangs Chauds.

– José aussi m'a traité de Sancho.

Dans les yeux de Milena passa un éclair d'incertitude. Le vieillard cacochyme réapparut comme par enchantement et tendit à Gabriel un verre et une canette décapsulée. Une beauté brune de nom Gambrinus.

– Tchèque ?

Milena acquiesça.

– Elle est fraîche à point, s'extasia Gabriel en faisant glisser le liquide crémeux dans son organisme déshydraté.

– Si vous êtes vraiment celui qu'on prétend vous allez retrouver Felice avant qu'il ne soit trop tard.

– Pourquoi n'allez-vous pas raconter votre affaire aux flics ?

Le vieillard se mit brusquement à sangloter. Sa carcasse fut secouée à un point tel que Gabriel craignit qu'il ne brisât ses vieux os poreux.

– À Sainte-Croix-des-Eaux il n'y a que la milice et elle est à la solde de nos persécuteurs, exposa Milena glaciale. La colonie pénitentiaire est un ghetto dont il est dangereux de s'éloigner. Pour l'avoir tenté Felice et son fiancé ont disparu. Ramenez-les si c'est dans vos cordes. Vous devez pour commencer aller fourrer votre nez au Château.

– Je suis embarrassé, avoua Gabriel en considérant le vieux qui s'épongeait la face avec un torchon de cuisine. Je me demande bien ce que je peux faire. Je ne suis pas un justicier.

Du désespoir apparut dans le regard de la femme qui ferma les yeux et dit :

– *« Tu es là plongé dans les ténèbres, et dans l'autre chambre tu verras clair. Tu grignotes trois miettes de ton déjeuner au lieu de t'alimenter sérieusement. Tu restes assis la fenêtre fermée alors que l'air te ferait tant de bien ! »*

– Maître Kafka ?

– *Le Verdict* !

– Vous êtes performante côté culture. Il n'y a pas à dire, vous m'en mettez plein la vue ! ironisa Gabriel qui tentait de refaire surface.

Elle parut chercher un sens caché à la phrase et scruta l'homme comme ferait l'enfant ou l'animal domestique frappé injustement. Les traits de la femme devinrent d'une dureté extraordinaire. Le ciel dans le cadre de la fenêtre était rouge sombre maintenant. Une pénombre épaisse, enveloppante s'était installée. Une vie sourde et mystérieuse semblait émaner de la matière indistincte.

– Il faudrait allumer, signala Gabriel d'une voix qui sonna étrangement.

– Nous n'avons pas l'électricité.

La pièce semblait immense à Gabriel. Un monde invisible traversé de vibrations. Du regard il chercha Milena et le vieillard sans les trouver dans cette opacité sombre. Il voulut se lever mais n'y parvint pas. Pour la seconde fois de la journée les petits cheveux de sa nuque se mirent au garde-à-vous et il y eut un moment de tension effrayant. Puis une brise légère, pareille à l'haleine parfumée d'une geisha, bougea les rideaux et communiqua un long frémissement de volupté et de paix à ce qui pouvait se trouver là de malfaisant. Du temps passa comme une eau qui coule. Le vieux alluma une bougie. Une douce sérénité envahit Gabriel.

7 - Le procès

Quand Gabriel arriva à l'hôtel il faisait nuit noire. Il coula un bain et alluma le téléviseur. On y peignait avec des images de circonstance l'état désastreux du monde. Gabriel réduisit le son au niveau du murmure et alla s'immerger. Longtemps il resta à écouter le clapotis de l'eau sur les flancs de la baignoire et rêva d'une tenancière berbère aux prunelles blanches. À 2h06, dormant à poings fermés, il sombra et faillit se noyer. Il jaillit du piège liquide, toussant et crachant de l'eau savonneuse. Il s'essuya maladroitement et éteignit les codes barres scintillants du téléviseur. À la fenêtre, on devinait des explosions et des éclairs au nord de la Muraille de Chine. Gabriel alla se coucher. Après une fin de nuit paisible, il se leva de bon matin et descendit à la réception.

– Hier il y a quelqu'un qui est resté tard à vous attendre, signala l'employé.

– Un para en tenue de combat ?

– Non monsieur, le parachutiste je le connais. L'homme dont je parle était habillé comme nous tous mais élégant.

– C'est vous qui avez appelé le para lorsque j'ai pris ma chambre ?

Silence, puis :

– On y est forcé, monsieur. C'est une obligation qui nous est faite de déclarer chaque nouveau client à la milice.

– On peut dire que vous ne me faites pas de cadeau !

– Si monsieur.

– Tiens donc, lequel ?

– L'homme élégant m'a bien recommandé de ne pas vous signaler sa présence. Et en ce qui concerne le para, vous savez, on ne lui dit que le strict minimum, histoire de ne pas attirer d'ennuis à l'hôtel.

– Où se trouve le bureau de poste, brave homme ?

L'employé le lui dit.

Il faisait aussi chaud que la veille mais le ciel était dégagé. Les volets étaient toujours fermés. Drôle de ville. Pas un souffle d'air. Gabriel leva les yeux sur la pente couverte d'épicéas du mont Sainte-Croix. Il devait faire bon respirer là-haut. Une trouée dans la végétation laissait apercevoir à son sommet une bâtisse à tourelles et clochetons. Le bureau de poste était situé dans une rue perpendiculaire à la rue principale. Gabriel en poussa la porte et fut assailli par une odeur de crasse encaustiquée. Un homme bossu au visage blafard s'agitait derrière un guichet. Ses épaules étaient poudrées d'un frimas de pellicules. Il venait d'allumer une cigarette et reposait un briquet. Il poursuivit en produisant un peigne de corne et se coiffa avec un soin ostentatoire. Lorsque le résultat lui parut satisfaisant il l'aspergea d'un jet de laque et reposa la bombe en la secouant pour vérifier son contenu. Gabriel patienta en s'intéressant à une plante jaunie qui agonisait dans un lourd pot de terre.

– Jamais je ne suis arrivé à les acclimater, exposa le receveur. De toute manière c'est son dernier jour.

– Peut-être qu'à la lumière, sous la fenêtre ?

– Pour que le soleil la calcine ? C'est un danger que je n'ai jamais voulu courir. Le soleil c'est bon pour personne, ça donne le cancer. Je rêve d'un monde sans soleil. Voyez-vous ceux de la colonie l'ont bien compris.

– Qu'est-ce qu'ils ont compris ?

– Que pour conserver sa santé il ne faut sortir que la nuit. Bon, que puis-je pour vous ?

– Me fournir le bottin de la colonie.

– Un tel bottin n'existe pas.

– Comment puis-je appeler un correspondant à la colonie si je n'ai pas son nom ?

– Il n'y a plus de lignes en état là-bas.

– Et pour leur courrier ?

– Ces gens de la pénitentiaire échangent très peu. Ils se débrouillent généralement avec ceux de leurs compatriotes qui vivent de notre côté ; quoique parfois il y ait des tensions entre eux aussi.

– Des tensions ?

– Chercheriez-vous à me tirer les vers du nez ?

– Qu'est-ce qui vous fait dire cela ?

– Ces questions sur la colonie.

– Je prospecte pour écouler ma pharmacopée. Je suis visiteur médical.

– Bien sûr !

Le préposé fit un signe pour que Gabriel se penche vers lui et chuchota :

– Je suis corruptible !

– Combien ?

– Confiez-moi ce que vous venez glander dans ce bled pourri. Il y a des bruits qui courent sur vous.

Gabriel se pencha et parla à l'oreille du préposé.

– Posez vos questions, enjoignit alors celui-ci.

– Il y a ces Roumains dans la ville moderne et d'autres à la pénitentiaire, derrière la muraille. Expliquez-moi ça !

Le bossu sourit finement.

– Lors du boom économique des années 60, les pue-la-sueur locaux ont été insuffisants à faire tourner les entreprises. Le propriétaire des mégisseries, Henri Pronteau Cagnol, qui chasse depuis toujours dans les Carpates y a recruté une main-d'œuvre bon marché. Plus tard quand le boulot a diminué du fait des chocs pétroliers, beaucoup de ces gens se sont retrouvés sur la paille.

– Et les chômeurs que vous appelez Kafkas ont été refoulés dans la colonie pénitentiaire, c'est ça ?

– Pas du tout. Les Kafkas sont des clandestins au mouvement d'émigration traditionnel. Ce sont des gens différents. Les Français et Roumains *normaux* en ont peur et les tiennent à l'écart. Les Kafkas ne se sont pas intégrés et vivent comme des parias à l'intérieur de la colonie pénitentiaire. Ils ont apporté ici leurs coutumes et ne sortent que la nuit. En fait tellement de légendes circulent sur leur compte !

– Une question en amène une autre : À quoi rime une milice dans un bled comme le vôtre ?

– C'est lié. Pronteau Cagnol qui est aussi maire de Sainte-Croix-des-Eaux prétend que les locaux ne se sentent plus en sécurité. Il est vrai qu'on n'a pas de gendarmerie ici. Alors il a créé cette milice pour disons… asticoter les Kafkas et les inciter à partir.

– Parlez-moi du Château.

– C'est la résidence du maire et un lieu de distraction pour nos édiles.

La porte du bureau de poste s'ouvrit. Le receveur bossu fronça les sourcils et sibyllin termina entre ses dents :

– Rectifions, pour eux la distraction c'est surtout la colonie pénitentiaire, plus besoin d'aller courser le lièvre des Carpates.

Gabriel tourna la tête. Le parachutiste qui marchait sur lui s'esclaffa :

– Toto, je croyais t'avoir prévenu pourtant de débarrasser le plancher.

– J'essaye de me faire une clientèle.

– Chez le boscot ! bizarre non ?

Gabriel admit. Il ajouta que par le monde on voyait des trucs encore plus étonnants comme par exemple cet avorton en treillis qui jouait à Rambo dans un bureau de poste.

Le para était arrivé si près de Gabriel que celui-ci pouvait sentir ce qu'il avait absorbé au petit déjeuner. L'homme décrocha sa matraque et prévint :

– Je vais faire un mal irréparable !

Derrière son guichet, le receveur se leva et tenta une médiation :

– Messieurs, je vous en prie, jouez la modération.

Il ne dut pas être assez convaincant car le para se saisit aussi du coup de poing américain en affirmant :

– Ça va chier !

– Une chance que vous soyez armé jusqu'aux dents.

– Surtout ne te laisse pas arrêter par ce détail, Toto !

Alors Gabriel plongea sa tentacule par le guichet et rafla bombe et briquet qu'il pointa sur l'assaillant.

– Rambo, un geste encore et je t'immole !

Le para avec un ricanement aberrant produisit vivement le revolver en laissant tomber la matraque. Trop précipitamment peut-être. La première balle ne brûla que l'oreille de la cible. Alors en blasphémant Gabriel actionna simultanément la valve de la bombe Elnett satin (fixation normale) et le briquet. Une flamme fusa qui enflamma la veste de combat du para alors qu'une seconde balle perforait le stuc du lambris administratif. Le vêtement incendié dégagea une fumée nauséabonde. Le para qui craignait l'explosion de l'arsenal ventral déboucla son ceinturon dans l'urgence. Les fournitures guerrières churent. L'homme se battit ensuite fébrilement les flancs comme on fait quand on se les gèle. L'exercice faisait virevolter de lumineuses escarboucles dans le petit bâtiment postier. L'homme indigné se mit à proférer d'affreuses menaces de mort et des insanités dont on n'a pas idée. Gabriel claqua impétueusement le comptoir.

– Boscot, confiez-moi cette plante, vite !

Le receveur ouvrit un portillon et présenta un Billbergia aux feuilles flacides. Gabriel s'assura du pot, le souleva haut et l'écrasa sur l'occiput du para vociférant qui se tut et se répandit sur le plancher, oublieux de ses menaces.

– Il est probable que cet animal souhaitera vous caresser les côtes à son réveil, avertit Gabriel après réflexion.

– Je m'en tape ! À midi pétant adieu Sainte-Croix-des-Eaux. Cap au nord, je vais rouler ma bosse dans la fraîcheur des fjords.

– Congés d'été ?

– La retraite mon pote, eh oui !

Les deux hommes cogitaient en regardant le corps allongé. Gabriel lui prit le pouls et chacun tomba d'accord pour évacuer le gâchis sur l'arrière dans un terrain vague.

8 - Le Château

Le Poulpe regagna son hôtel. Il y avait pour lui un message scotché à sa clef de chambre : *«Tu peux m'appeler, serai chez moi à partir de 22 heures. Vlad.»*

– Vous avez l'oreille en piteux état, mon pauvre ami ! s'apitoya le réceptionniste.

– Le parachutiste a tenté de fraterniser, expliqua Gabriel.

– Ça n'a pas gazé ?

– Non. Je l'ai traîné dans la boue.

Gabriel rendit la clef et alla à la Renault 19 de José garée dans la cour de l'hôtel. Deux minutes plus tard il arrivait à l'embranchement de la voie qui montait au Château. La pancarte du syndicat d'initiative révélait :

MANOIR DE L'OLIFANT 2 kms 800
Chemin pittoresque
Point de vue panoramique

La voie était étroite. Gabriel sinua entre troncs et cimes d'épicéas : escarpement d'un côté, ravine de l'autre. Il se demanda que faire si d'aventure un engin arrivait de face. Enfin il déboucha sur une esplanade circulaire à proximité du manoir. Il arrêta l'auto sur un emplacement matérialisé au sol par des bandes de peinture jaune, descendit et s'intéressa à un télescope qui permettait, moyennant monnaie, de visionner la vallée Amérique. Pour la somme de onze francs Gabriel localisa son hôtel, l'hôpital, l'église, les mégisseries, le cimetière, la Muraille de Chine et avec un raisonnable coefficient de certitude le toit de Milena. Une curieuse tension se manifesta alors au creux de son estomac. Il abandonna l'oculaire pour emprunter l'agréable allée menant au château. Un zéphyr vous y caressait aimablement la face tandis que des petits cailloux blancs crissaient sous vos semelles. Une pancarte spécifiait :

DÉFENSE ABSOLUE D'ENTRER
DANGER

Le manoir semblait un Lego début XXème en pierres et briques. Il était constitué de tourelles, de fenêtres à meneaux, de clochetons cerclés de créneaux factices et même d'une échauguette disproportionnée. Le tout était assailli par le lierre. Sur le flanc gauche du bâtiment, à l'ombre, stationnaient une petite berline Honda vert métallisé et un 4X4 Nissan aux pneus enrobés de glaise séchée. Un parterre fleuri s'évasait devant le perron. Rien ne bougeait. Gabriel gravit trois marches jusqu'à la porte d'entrée aveugle à double battant de chêne. Brusquement il y eut une explosion d'aboiements. Le vacarme provenait d'un enclos situé à vingt mètres environ du manoir. Six gigantesques clébards écumants s'étaient jetés avec un féroce enthousiasme sur le grillage qu'ils tentaient d'escalader. Ils glissaient, retombaient en culbutant, retroussaient leurs babines et se mordaient méchamment les uns les autres au garrot, au jarret, à la fesse avant de repartir à la charge. Gabriel pria avec ferveur pour que la clôture tienne.

Elle lâcha.

La pression sur le grillage (grosso modo 360 Newtons de carogne exacerbée) fit s'incliner un des piquets, distendant le treillis métallique et couchant un second pieu. Aussitôt un premier fauve sauta par-dessus l'obstacle subsistant qui tenait plus du protège-gazon que de la robuste et rassurante grille pour cage à tigre. Le bond de l'animal en disait long sur ses aptitudes physiques. Ses congénères suivirent avec une secrète exaltation canine. Et maintenant dans un mutisme funèbre, une horde triangulée à la pointe ogivale multi-acérée, fonçait directo sur Gabriel. C'était une formidable machinerie mue par la conjugaison crawlée de quelque douze paires de pattes infatigables. Une propulsion silencieuse mais aussi un arrachement au sol produisant sur l'arrière, comme en sortie de tuyère, une épaisse et blanche mitraille gravillonnaire. Il restait quinze mètres avant que ne se produise l'effroyable impact.

On pouvait supposer que pendant ce temps Gabriel n'était pas resté les deux pieds dans le même sabot. Pourtant si ; il n'avait pas bougé d'un poil. Peut-être fallait-il y voir la conséquence fâcheuse sur son psychisme d'un régime alimentaire pauvre en graisse, sucre et alcool. Le malheureux vivait l'événement en spectateur comme dans un rêve. Sauf que le réel (déboulant à plus de quarante bornes/heure chrono) allait vraisemblablement désintégrer son virtuel.

Il était bien tard quand Gabriel se ressaisit et chercha une sonnette inexistante. Rageusement il se mit alors à taper des poings sur la porte qui resta close. Les chiens étaient à dix mètres. Il tourna vainement une manière de poignée en forme de champignon plat. Les clebs haletants moulinaient à sept mètres déjà assurés de leur casse-croûte. Gabriel mesura du regard la distance qui le séparait de la bulle de sécurité constituée par la Renault 19 luisante sur le parking. Une sacrée trotte, il serait déchiqueté à mi-parcours. Alors il se retourna, colla son dos à la porte et fit face aux cerbères.

Voilà, ça y était...

Adieu Cheryl, Cupidon de fanfreluches, adieu vertigineuse Milena au souvenir taraudant, adieu Horace Mac Coy dont plus jamais il ne relirait *Kiss Tomorrow Goodbye* en version française. Le chien de tête bondit.

– Vive la mort ! hurla le Poulpe tandis que la porte s'effaçait derrière lui et qu'il cognait sévèrement de la tête et tombait sur le dos en s'empêtrant dans une créature à la senteur d'ovibos.

Le molosse atterrit des quatre fers sur la poitrine de Gabriel en ouvrant une gueule large comme l'enfer. L'homme écœuré détourna le regard de l'animal qui exposait une dentition excellente et des yeux sans amour. Par ailleurs, il eut la vision d'un hall sombre aux murs porteurs de trophées, d'armes anciennes et aussi d'autres plus modernes comme cet arc de compétition. Ensuite ce fut un accéléré d'images : mollets galbés et chevilles fines de la *créature odorante*, gueule du chien qui se mit à glapir en abandonnant le plexus de Gabriel et reculait, écrasé sur ses pattes, tête au ras du sol, épouvanté, yeux implorants la créature. Il fit refluer avec lui la horde dont les éléments couinaient et pleuraient comme font ceux d'une fratrie de louveteaux dont un trappeur au cœur de pierre a immolé la génitrice. Gabriel sonné découvrit, brouillé, un individu bancroche qui descendait maladroitement un escalier monumental en vitupérant. Il était bientôt rejoint par un jeune type.

– Ah non, elle se tire. Pourquoi lui as-tu enlevé

les menottes ? Elle va s'échapper la garce ! vocifèra le bancroche qui avait aussi le crâne pointu.

En effet la fugitive enjambait un Gabriel chaviré qui aperçut, dans le compas des cuisses ouvertes, de la laine sombre entaillée d'une sente coralline. La robe agita une fragrance de terreau mouillé.

– C'est qui celui-là, p'pa ? questionna le jeune homme déconcerté.

Le vieux au crâne pointu descendit les dernières marches en soufflant comme un phoque asthmatique et vint se pencher sur le Poulpe.

– Merde de merde, la Kafka a filé ! s'indignait dehors le jeune homme au milieu des chiens éparpillés qui glapissaient queue basse, déboussolés, bavant une mauvaise salive et qui ne seraient plus jamais comme avant des tueurs puissants et infaillibles.

– Tu crois que ç'en est un ? s'inquiéta le jeune type qui était revenu.

– À mon avis, non ! postillonna le vieux en empoignant Gabriel au col.

– Gaffe p'pa, il peut mordre !

– Mais non, mais non, occupe-toi de la femelle, elle n'a pas pu aller bien loin avec cette lumière. Prends ton arc et un fusil, je te rejoins.

Et il frappa le crâne du Poulpe avec un lourd casse-tête aborigène.

9 - Le terrier

– Ce que j'aime par-dessus tout c'est qu'ils soient cliniquement morts et entravés.

– À ce moment-là on a un peu de temps, hein p'pa ?

– Pas beaucoup mais un peu, oui fiston. Vas-y maintenant.

– Si je loupe le cœur qu'est-ce qui se passe ?

– Rien, tu recommences.

– C'est vraiment efficace ?

– On fait pas mieux.

– Avant pourtant...

– Le pieu était archaïque, fiston. C'était une méthode radicale, on doit pas nier, mais de nos jours faut aller de l'avant.

– Merde, ça marche pas !

– Elle est pas branchée, fils.

– Ah, c'est vrai, j'avais oublié.

– C'est pourtant toi qui m'a supplié d'installer l'électricité dans ce local pour ton bordel d'ampli qu'est maintenant au grenier.

– Ici c'est malsain, tout pourrit. Y'a que des trous et des crottes. C'est un phalanstère à lapins. Je ne comprends pas que le château puisse tenir debout sur du sable. Il devrait pencher avec ce vent qui souffle l'hiver, non ?

– Les fondations sont solides. Bon, qu'est-ce que t'attends ?

– Ça me fait drôle. Je me demande si c'est bien ce qu'on fait... Ça t'a jamais posé de problème, p'pa ?

– Pourquoi veux-tu ? C'est comme d'éliminer des rats ou des serpents. C'est de la salubrité.

– Tout de même ça fait de la peine d'abîmer ce corps. Il est beau, non ?

– Peut-être, mais il est… sale. Et venimeux. Ça tu peux me croire. Bon, vas-y !

– Je pointe entre les côtes ?

– Oui, le foret va se positionner de lui-même. Faut jamais saloper un travail, fiston. C'est ce que je dis toujours à mes ouvriers. Tu m'as déjà entendu le leur dire, non ?

– Souvent, p'pa.

– Un patron, un chef de famille, se doit de donner le bon exemple, premièrement à l'ouvrier qui pense qu'à tirer au cul par atavisme, deuxièmement à ses enfants qui doivent marcher dans le droit chemin. C'est ce qu'on appelle le rôle du père. C'est fondamental, tu comprends ?

– Oui, p'pa.

– Bon, alors maintenant appuie sur cette gâchette.

– Il risque pas d'entendre, l'autre ?

– Possible, on dirait qu'il bouge, mais on s'en fout demain il sera plus en état de nous le reprocher.

– Pourquoi tu l'as pas tué du premier coup avec la massue, peut-être que t'as essayé de l'épargner ?

– Non, mais il avait la tête dure. Toutefois je parierais qu'elle est cassée, il saigne comme un cochon. Bon, boucle-là et arrête de trembler, le foret barre dans tous les sens.

– Pourquoi on dit toujours qu'ils puent ? Elle sent pas mauvais, elle.

– Si, elle pue, mais t'es émotif. Tu te rends plus compte. T'es obnubilé par la crainte, fiston. Ta défunte mère t'a élevé dans le coton. C'est pas pour critiquer mais tu commences à en subir les effets. Je crains que ton sang soit surtout du jus de navet. Imagine la déception de cette Kafka si elle te suç…

– P'pa ! c'est mou, c'est dégoûtant.

– Pardi, tu la croyais en bois ? Concentre-toi. Sois à ce que tu fais, pour une fois.

– Elle ouvre la bouche alors qu'elle est morte, p'pa, j'ai peur !

– Si le toubib était présent il te dirait que c'est de l'agitation post mortem. Le meilleur moment pour les visser. Tu vois, lorsque ça bâille de la gueule, c'est que ça rend l'âme.

– À Dieu ?

– Au diable, putain fiston, c'est une Kafka !

– Pourquoi elle ouvre les yeux, aussi ?

– Ça on sait pas. Y'a encore des mystères. Quand j'y repense, heureusement que je l'ai stoppée avec les nodules. T'imagines pas le mal que ça peut faire une bête pareille en liberté. Tu vois, fiston, si tu l'avais bien ficelée la première fois le problème serait déjà réglé et on aurait pas en plus ce moribond sur les bras. Imagine qu'après on le recherche. Je t'en veux un peu, tu sais, mon garçon !

– Qu'est-ce que je fais maintenant ?

– Monte l'embout de vissage à la place du

foret et présente la vis sur le trou que tu viens de faire !

– Comme ça ?

– Oui. Mets la petite vitesse. Si tu tiens bien appuyé, la vis va s'enfoncer comme dans du beurre.

– T'as raison, P'pa, ça marche impeccable !

– J'ai toujours raison. Une bonne chose de faite, fiston. La voilà verrouillée pour l'éternité, cette vermine.

– Qu'est-ce qu'on va en faire ?

– Je m'en occuperai personnellement. Carabin en aurait eu l'utilité mais on pouvait vraiment pas la garder jusqu'à ce qu'il revienne. Allez on remonte, j'ai faim.

– Et lui ?

– Demain il sera mort. Tu rangeras l'outillage une autre fois.

Gabriel était paralysé. Incapable de se débarrasser de l'animal gorgé qui crapahutait lourdement sur son front. Quand l'appétit lui venait, elle se vautrait dans le sang. Une bête combien de fois plus petite que lui ?

Gabriel éprouvait des sensations par son épiderme mais il était incapable du moindre geste. Est-ce que c'était en raison du sang perdu ? Bouger les doigts restait possible. Alors il fallait continuer d'agiter la première phalange pour que suive la deuxième et ainsi de suite jusqu'à la mobilité complète de la main. Ne pas mourir surtout. Pas crever dans ce cul de basse-fosse. Tous les sons lui parvenaient démultipliés. Si seulement il avait pu tourner la tête vers la jeune femme et comprendre ce que les monstres lui avaient infligé. Ainsi il avait retrouvé Felice. Morte ! Elle était allongée sur l'autre table. Une réussite, connard, sa sœur allait être contente ! La bête descendit jusqu'au menton de Gabriel et tâta d'une patte hésitante l'épiderme sensible du cou. Une souris, un rat ? De la clarté parvenait d'une étroite ouverture percée haut. Il leva le regard et se retrouva ébloui. Il pouvait bouger les yeux. Ses prunelles avaient retrouvé leur mobilité.

Pendant les deux heures qui suivirent, Gabriel s'employa à stimuler la circulation sanguine de ses membres. Au milieu de la nuit il réussit à plier une jambe qui retomba sur le côté en lui arrachant un cri de souffrance. Il pouvait émettre des sons mais s'évanouit après cette constatation. Lorsqu'il refit surface c'était l'obscurité totale. Il arriva à bouger complètement les bras et palpa sa tête. Le cuir chevelu était ouvert sur le haut. Le sang avait collé les cheveux en mèches gluantes. Ses doigts explorèrent la cicatrice à la recherche de fractures, de bris d'os qu'il ne trouva pas. À part des élancements monstrueux derrière le front, il était en meilleur état et il lui parut qu'il avait récupéré. Alors il entreprit de se mettre debout malgré le sang qui recommençait de couler.

Quand les lueurs de l'aube éclairèrent sa prison, Gabriel était à la porte. Pas celle en haut de l'escalier de pierre aux marches parsemées de crottes de lapins, mais l'autre sous la petite ouverture qui devait donner, jugea-t-il, de plein pied sur l'extérieur. Elle était en chêne et munie d'une grosse serrure à la poignée de fer rouillé. Fermée évidemment. Il la secoua. Elle ne bougea pas d'un millimètre. Sous l'effort il vomit sur lui. Du sang coula de son front, lui obscurcit l'œil gauche. Il s'essuya et réfléchit pendant que lointainement, par-delà l'épais mur, un coq se mettait à chanter. Il vit au sol un petit dôme de sable se former, grandir et une pelote de poils blancs émerger du sable. Deux oreilles longues se déplièrent. La tête d'un lapin pivota comme un périscope et se figea sur l'intrus. Trois autres tumulus se formèrent presque dans le même temps. Des boules de poils jaillirent du sable. Le Poulpe s'imagina creusant un tunnel sous le mur et gagnant l'air libre. Il rit de satisfaction et s'évanouit une nouvelle fois.

Lorsqu'il retrouva ses esprits douze minutes plus tard, il se traîna vers le matériel électrique abandonné à côté de Felice. Il prit conscience qu'il n'avait, à aucun moment depuis son retour à l'autonomie, regardé la forme étendue. Quand au bout de cinq minutes il eut découvert la clef du mandrin de la perceuse il fixa le foret. La machine fit un boucan qui lui parut effroyable. Il fora des trous tangents dans le bois autour de la serrure. Quand ce fut fait il utilisa la perceuse à la manière d'un levier et détacha le rectangle de bois sur lequel était fixé le mécanisme.

La porte restait bloquée par le sable accumulé. Il l'évacua puis souffrit le martyr à tenter de faire pivoter l'épais battant sur ses gonds rouillés. Un oxygène de premier choix lui gifla la face. En forçant, le passage était suffisant pour lui permettre de s'extraire de sa geôle. Il engagea une épaule, s'immobilisa et réintégra le terrier. Avec appréhension il se dirigea vers la forme allongée et se pencha sur elle. Felice avait des yeux en amandes, ouverts grands, immobiles comme ceux d'une divinité égyptienne. Felice fixait l'éternité. Gabriel toucha en tremblant la peau veloutée du visage. Il hésita puis détacha le col de dentelles fixé avec des boutons pression et l'empocha. Enfin il prit conscience des lapins autour de lui. Une bonne dizaine d'entre eux étaient assis ou effectuaient des bonds étourdis. D'autres encore s'arc-boutaient sur leurs quatre pattes frissonnantes et déposaient des chapelets de boulettes luisantes sur le sable.

Gabriel reporta son regard sur la Kafka. Une grosse vis de métal était vrillée au cœur de la jeune fille. La porte de l'escalier s'ouvrit. Il y eut une exclamation. Gabriel se redressa aveuglé par la fureur et le désespoir. Il franchit la porte sans s'en apercevoir, foula du gazon ensoleillé, entendit de l'autre côté du manoir un concert de jappements et se jeta dans la forêt.

10 - Le plus proche village

Il faisait sombre sous la ramure. Gabriel marcha longtemps en évitant la voie goudronnée qui menait au manoir. Parfois la croûte d'aiguilles de pins stratifiée se dérobait sous ses pas et il enfonçait jusqu'au mollet en sacrant. Il lui arrivait de percevoir des aboiements mais peut-être était-ce son esprit qui s'égarait. Enfin il atteignit un sol plus ferme et progressa dans une sorte de vaste hallier pentu. Puis il s'émerveilla à la vue soudaine de l'encore lointaine Sainte-Croix-des-Eaux, le plus proche village. Il avait dû abandonner la Renault 19 de José, craignant de se faire piéger en tentant de la récupérer. Appuyé au tronc d'un arbre mort il s'octroya deux minutes de repos et calcula sa route. Ensuite il décolla d'une brusque secousse son dos de l'écorce sèche. C'est ce qui momentanément lui sauva la vie.

Une flèche s'était plantée dans le bois, là où se trouvait sa tête une demi-seconde auparavant. Son empennage vibrait furieusement telles les ailes d'une libellule agonisante. C'était un trait en alu-carbone de qualité. Gabriel s'élança en direction du compact rideau de résineux en contrebas. Vingt mètres de terrain relativement découvert. Broussaille sèche et pierraille. À mi-course Gabriel entendit ronfler un autre trait. Il fit un crochet, accéléra autant qu'il lui était possible, s'attendant à un choc dévastant son thorax. La flèche sonna sur de la rocaille à deux mètres de lui, alluma une étincelle schisteuse et rebondit haut en se tordant comme un aspic décapité.

Des branches fouettèrent le front de Gabriel et il se retrouva au couvert des arbres. Se permettant un regard il crut distinguer entre les branches, et malgré la sueur brûlant ses yeux, un des molosses et l'archer qui dévalaient silencieusement la pente. Il repartit, se frayant un chemin entre les branches, essayant de maintenir le cap sur la ville. Il se cognait aux troncs, glissait, tombait, s'écorchait, se relevait pour repartir. Et puis il avait faim. S'il s'en sortait c'était Cheryl qui serait contente. Il avait bien dû maigrir de dix kilos. Enfin disons trois ! Il entendit un jappement assez proche aussitôt interrompu. Le clébard cherchait sa piste. Il la trouverait et arriverait le premier. L'archer aurait du mal à l'ajuster dans la profusion de troncs et de branches. Gabriel ne se faisait pas d'illusions il n'aurait pas le temps d'atteindre la protection relative de Sainte-Croix-des-Eaux. Quel con ! Pourquoi s'être engagé dans cette aventure désarmé ? La vérité c'était que jamais depuis le début il n'avait pris cette affaire au sérieux. Enfin, quel con ! Il réfléchit aux moyens de tenir en échec des poursuivants sanguinaires lorsqu'on a pour tout barda que sa bite et son couteau.

Pouvait-on considérer comme sérieux par exemple ce projet de foutre le feu à la forêt de façon à dresser un brasier infranchissable entre lui et les chasseurs ? Et avec quoi l'allumer ? Sans briquet, allumettes, amadou, loupe, ni silex.

Élucubration aussi cette idée de voyager au lit des ruisseaux pour mettre dans le vent ce chien qui pouvait être un vieux renard.

Le sous-bois était sombre. Il devint plus sombre encore quand la pluie tomba. Est-ce que la flotte effacerait les traces de Gabriel, dissiperait son odeur, remplirait les oueds et ferait psalmodier d'extase les indigènes ? Des aboiement retentirent très proches. Gabriel s'arrêta. Il ramassa un caillou à l'aspect d'œuf qui était niché entre deux racines pareilles à d'énormes orteils. Il attendit en calculant qu'il s'en sortirait comme une fleur s'il arrivait à faire un doublé sur le crâne des poursuivants. Le vrombissement d'un moteur qui alla s'amplifiant se fit entendre. Le chemin était proche. Un secours potentiel ? Il fit un mouvement pour s'y diriger et le clébard déboula avec fracas d'une masse d'épaisses broussailles. Gabriel laissa se balancer son grand bras lesté de granit et mit l'autre en parade. Le chien arriva sur lui, freina à mort en montrant ses crocs. Gabriel jeta un regard au-delà de l'animal. Où était l'archer ?

Le molosse avait stoppé à trois mètres. Il retroussait laidement ses babines sans avoir le goût, semblait-il, d'approcher plus. Gabriel fit un pas. Le chien recula et glapit, nerveux, agité, tournant fréquemment le mufle vers l'arrière.

– Ça donne à penser ! soliloqua Gabriel en exhibant la dentelle prise sur Felice.

Le chien dressa la tête, truffe dilatée. Gabriel agita l'étoffe ajourée. Le chien s'enfuit aussitôt en clabaudant et se perdit dans les fourrés. L'homme huma la dentelle puis la remit dans sa poche. Il logea ensuite la pierre dans sa chemise au contact de la peau. Frissonnant il tendit l'oreille, leva les yeux sur l'arbre aux gros orteils et se saisit d'une basse branche. Il s'éleva, opéra un rétablissement se retrouvant à deux mètres du sol plaqué au tronc en équilibre assez confortable. Le molosse avait disparu. Gabriel patienta. L'archer survint par où Gabriel ne l'attendait pas. Il progressait avec circonspection, arc à demi bandé, tournant la tête lentement de droite à gauche et inquiet visiblement de la défection du molosse. Le chasseur passa à moins de dix mètres de Gabriel qui se retint de l'assaillir estimant que le jeune type aurait largement le loisir de décocher une flèche au premier bruit. L'archer s'éloigna en oblique d'une foulée silencieuse.

Gabriel compta jusqu'à cinquante et se laissa glisser de son perchoir. Il alla en direction supposée du chemin. Quarante minutes plus tard il abordait les premières maisons de Sainte-Croix-des-Eaux n'ayant rien rencontré d'autre qu'une cyclomotoriste pressée. La pluie avait fait place à une bruine légère extrêmement mouillante. La chevelure de Gabriel ressemblait à un casque d'argonaute fendu. L'eau avait délavé la plaie crânienne. Des coulures rosées s'en échappaient comme d'un lac de montagne et confluaient sous le menton. L'homme avait le moral à zéro. Épuisé, affamé, humilié, tentacules flapis, souffrant des pieds, il était au plus mal. Sur son nombril ballottait la pierre qu'il n'avait pas l'énergie d'enlever. Son programme : rejoindre l'hôtel, s'y barricader (armoire contre porte) et dormir cinquante heures sans interruption. Après on aviserait.

La rue principale était déserte et la montre de Gabriel pétée mais il devait être midi : senteurs de fricots et piquetis de fourchettes affamées sur du Sarguemines. Au premier coup de sirène, on rejoindrait la mégisserie, aveugles et sourds aux saloperies commises dans la ville. À proximité de l'hôtel, Gabriel ignora superbement le minitacot de Vergeat garé le long du trottoir. Il entendit une portière s'ouvrir dans son dos.

– Poulpe, comment est-ce possible ? J'avais placé un émetteur sous ta bagnole. Qu'est-ce que tu branlais au Château ?

Gabriel fit volte-face. Vergeat s'extrayait du tapecul. Gabriel lui flanqua une gifle magistrale qui réinstalla le policier au volant. Ensuite, se désintéressant de l'hôtel et du reste il cingla vers la ville basse. Démarrage d'un petit moteur rapidement en sur-régime. Gabriel se retourna. Le tapecul fonçait sur lui. Gabriel pêcha l'œuf de pierre sur son nombril. Au dernier moment, alors qu'il allait se faire encorner par la protubérance d'un phare et que derrière le pare-brise Vergeat agitait son pistolet, Gabriel expédia le caillou. Le verre explosa. La chiotte incontrôlée parcourut vingt mètres et alla se planter dans les semis d'un pépiniériste dont la vitrine à son tour explosa avec un beau fracas. Gabriel considéra un instant la calamité sous le petit écriteau grelottant qui recommandait d'entrer sans frapper.

Accablé, il repartit en clopinant sans se retourner. Des volets s'écartèrent enfin.

11 - La colonie pénitentiaire

C'est encore le vieux qui ouvrit.

– Vous me reconnaissez ? demanda Gabriel.

– Hum.

L'homme ne faisait pas mine de le laisser entrer. Il le fixait de ses yeux fendus aux prunelles noyées.

– Une fois un rat m'a regardé de cette façon-là, s'énerva le Poulpe.

– Que peux-tu connaître des rats, mon pauvre ami ? fit le vieux d'un ton supérieur.

– J'ai des nouvelles de Felice.

Dans les yeux fendus passa une lueur douloureuse.

– Mauvaises ?

– Hélas.

Le vieux fit entrer Gabriel. Ils empruntèrent le couloir humide.

– Où sont les toilettes, demanda Gabriel.

– Pourquoi ?

– Pipi.

– Ah, cela !

L'homme hésita puis indiqua une porte sur la droite au fond du couloir et resta à attendre. C'était des latrines à la turque. Un orifice conique foré dans du petit carrelage fendillé. Gabriel s'étonna de la toile d'araignée qui le recouvrait telle la grille protectrice d'une gaine d'aération. Une tégénaire en entreprit la traversée d'une allure parcimonieuse comme une funambule vieillissante. Gabriel ouvrit sa braguette et attendit que l'animal ait mis pied sur l'autre rive pour uriner avec un sentiment de culpabilité sur la toile patiemment tricotée. Dans un pré il se serait diverti, comme tout un chacun, à taquiner d'un jet espiègle mais relativement précis les véloces arachnides nés de la dernière pluie. Il aurait fait fi de leurs chélicères vengeresses prêtes à cracher leur jeune venin et ri de leurs frimousses courroucées. L'homme est ainsi fait.

– Vous n'y mettez jamais les pieds ! observa Gabriel.

– Qu'est-ce que t'en as à secouer ? s'insurgea le vieux.

– À secouer ? J'en ai qu'une, allégua Gabriel qui refermait sa braguette. Ma question c'était juste histoire d'enrichir nos rapports.

Il suivit jusqu'au vaste séjour encombré le vieux qui prévint :

– Milena n'est pas encore visible. Il faudra attendre. Étant donné que tu n'es pas un être patient tu préféreras certainement repartir.

– Si vous pensez ça, vous vous mettez le doigt dans l'œil. Dites, mon vieux, auriez-vous un petit quelque chose à boulotter ?

– Non.

– Jetez quand même un œil.

Le vieux maugréa et s'en fut de son habituel glissement de savates. Gabriel se posa sur un Voltaire qui par endroits laissait apparaître d'indécentes touffes de crin. La pièce recevait peu de soleil. La pénombre douce-amère qui y régnait était identique à celle de sa première visite. Quand était-ce, déjà... Hier ? Il lui parut qu'une éternité s'était écoulée. Où se trouvait Milena ? Pourquoi ces gens n'allaient-ils jamais aux chiottes ? Gabriel se sentit gagné par un malaise indéfinissable. Pourtant il y avait une table, des chaises, des fauteuils, un buffet, quelques tableaux aux sujets indistincts et des dizaines de menus objets posés là où c'était possible. Gabriel était en présence de l'antique fatras recouvert d'une fine couche de poussière que l'on peut rencontrer chez une vieille tante ou un petit brocanteur de province. Cependant un truc clochait. Les yeux de Gabriel parcoururent le fourbi hétéroclite.

Il manquait quelque chose.

Le vieux ne revenait pas. Allait-il le laisser crever de faim ? Gabriel sentit ses yeux se fermer malgré lui. Il devait présenter une très sale gueule pompé comme il était. À se faire peur dans une glace...

Gabriel savait maintenant ce qui manquait.

Son esprit erra. Et alors qu'est-ce que cela avait de si effrayant ? Rien à y bien penser. *Dans ces conditions pourquoi avait-il la chair de poule ?*

Qui peut aimer les poules ? Disons les apprécier pour autre chose que leur fade chair blanche ? Personne ! La poule est un oiseau dépourvu de charme. Voyez celle-ci, par exemple, avec ses pattes puissamment ergotées, ce corps trop rond surmonté d'une tête fanfaronne à la cervelle miniature. Sans parler du bec redoutable au service d'une idéologie fruste. Qui peut s'éprendre d'un oiseau préoccupé uniquement d'arracher des vers à la terre tout en surveillant l'intrus éventuel. Personne c'est évident ! Et puis pensez au désespoir du lombric, nu comme ceux de son espèce, étiré pis qu'un élastique, cramponné de ses derniers anneaux à l'humus qui l'abandonne. Imaginez un seul instant le calvaire de l'animal quand la garce à plumes lui boulotte le premier métamère. Regardez-la maintenant en train d'absorber le total de l'oligochète par petites secousses effroyables. Voyez-la se retournant contre l'observateur qui a provoqué son ire et l'agresser bec et ongles.

– Tu m'arraches la peau, sale bête ! s'indigna Gabriel en agrippant les pattes crochues de l'attaquante.

– Non, j'essaie de te réveiller. Tu semblais mort avec cette plaie au crâne.

Gabriel décolla ses paupières.

– Milena !

– Lâche mes poignets, non d'une stryge noire !

– Vos ongles sont drôlement effilés, constata Gabriel en libérant la femme.

– Tu n'aimes pas ?

– Vous auriez pu m'arracher les yeux.

– Je n'ai fait que te secouer. Kafka m'a dit que Felice…

– Oui. Je regrette.

Il se leva. Comme sa tête se mettait à tourner il se rassit et lui raconta tout à partir de son arrivée au Château. Le vieux se tenait dans l'ombre.

– Répète exactement ce qu'ils ont fait à ma sœur dans ce terrier.

Gabriel s'exécuta. Il lui sembla que le vieux sanglotait dans son coin. Milena buvait ses paroles et quand il cessa de parler ses yeux étaient fixes. Le vieux toussa, s'avança et dit de sa voix chevrotante :

– Jamais plus je ne reverrai ma…

– Tais-toi ! le coupa brutalement Milena.

– J'ai été incapable de la protéger, confessa le Poulpe. Je me suis montré minable depuis le début. Le contrat moral que j'avais passé avec vous et José n'a pas été rempli.

– Il était trop tard. Les Sangs Chauds du Château ont juré la perte de ma famille. À partir d'aujourd'hui tu vas t'employer à venger Felice.

– Je ne suis pas un justicier, je vous l'ai déjà dit.

– Ça équivaudra à nous protéger, argumenta Milena.

Gabriel ne trouva rien à opposer d'autant qu'il avait une forte envie d'en découdre avec l'archer et son père.

– Il faudrait que je téléphone d'ici, je ne peux plus aller en ville. J'ai besoin d'armes.

– On arrangera cela demain, dit le vieux.

– Pourquoi pas tout de suite, objecta Gabriel.

– À la colonie nous n'avons plus le téléphone, fit valoir Milena. Un de nos techniciens installera une ligne volante. Les miliciens les détectent à chaque fois mais on se reconnecte. Maintenant je vais nettoyer ta plaie et te montrer où dormir.

– Je n'ai rien mangé depuis hier, fit remarquer Gabriel.

– Kafka, prépare-lui quelque chose !

L'homme s'éloigna. Milena alla chercher une grosse boîte à biscuits. Elle servait de trousse à pharmacie. La femme nettoya la plaie de Gabriel. Ses mains étaient habiles et douces.

– Vous avez été infirmière ?

– J'ai l'expérience du sang…

– J'aime vos doigts, dit Gabriel.

– Il ne faut pas.

– Pourquoi ?

– On n'est pas de la même espèce, c'est dangereux.

– Une femme et un homme c'est fait pour se rencontrer. J'aime vos mains et aussi l'essentiel de votre personne. Vous êtes tellement… exotique. Il y a surtout que je pense à vous depuis que je vous connais. Une obsession. Je sais que ce n'est pas le moment… Ah, mais vous me faites mal !

Le vieux était revenu. Il posa un plateau sur une chaise près de Gabriel. Un bol contenant de la viande hachée voisinait avec une carafe d'eau et un verre.

– Merci pour le steak tartare, dit Gabriel.
– Ce n'est pas un tartare, il manque l'œuf, rectifia le vieux.
– Oui, mais c'est cru.
– On n'a pas de gazinière. Tu as cru que j'essayais de te faire plaisir, peut-être ?
– Kafka tu nous laisses, d'accord ! intervint Milena.
Le vieux repartit en maugréant. Milena se mit à ranger sa pharmacopée. Un silence s'installa que Gabriel rompit :
– Vous comprenez l'effet que vous me faites ?
– Oui.
– On dirait pas.
– Le feu a pris entre mes jambes ! avoua durement Milena.

12 - Lettre à Milena

C'est le vacarme des corbeaux qui réveilla le Poulpe. Il ouvrit les yeux. À un mètre cinquante au-dessus de sa tête le jour filtrait entre les tuiles dont certaines étaient cassées. À travers le vasistas il pouvait voir les oiseaux palabrer sur le toit. Gabriel se mit sur son séant. Sa blessure à la tête l'élançait. Il avait la gueule de bois sans avoir absorbé la moindre goutte d'alcool. Le grenier minuscule ne contenait que le vieux matelas dont il sentait les ressorts et un buste de plâtre représentant un homme moustachu au regard sévère. Un petit vent se leva et siffla sur les tuiles.

Gabriel qui avait dormi habillé éternua à cause de la vieille poussière sèche soulevée. Il éternua une autre fois puis rampa dans la direction de la porte basse.

En redescendant l'échelle branlante il se souvint que, hier soir, il avait souhaité ardemment que Milena la gravisse devant lui. Elle s'était contentée de lui jeter une couverture en indiquant que là-haut il trouverait où s'allonger. Le séjour était désert. Gabriel alla à la fenêtre. Un soleil voilé était en suspens au-dessus de la Muraille de Chine. Gabriel chercha la cuisine. Elle se trouvait sur l'arrière de la maison. Une pièce de taille moyenne, carrelée, sombre, comportant un réfrigérateur, une table de Formica, deux chaises et un petit placard. Il entendit la porte d'entrée s'ouvrir. Des pas glissés.

– Je suis là, annonça Gabriel.

– Je sais, je t'ai senti, dit le vieux avec une grimace de dégoût en pénétrant dans la cuisine de sa curieuse démarche.

– Où est Milena ?

– Elle dort. Viens, cette nuit elle s'est démenée pour toi !

Dehors le vent fit du bien au Poulpe. Pour se déplacer le vieux se débrouillait mieux qu'il n'aurait imaginé. Il ne levait pas les pieds, non, mais trouvait toujours moyen d'avancer en choisissant un passage entre les pierres et les débris. Ils se retrouvèrent bientôt au pied de la Muraille de Chine là où la plupart des maisons étaient ruinées. Un homme se tenait devant une sorte de tranchée encombrée de gravois. Il paraissait aussi âgé que le vieux. Sur le sol il y avait un téléphone datant des années cinquante en bakélite noire. Son fil courait au milieu de la pierraille avant de plonger dans la tranchée.

– J'ai tiré une ligne par les égouts, dit l'homme. Ça devient de plus en plus difficile, le passage est trop étroit. Et puis au bout, la milice mure les canalisations. Il faudra trouver d'autres moyens. C'est pour lui ? C'est pour ce Sang Chaud ?

Le vieux technicien regardait Gabriel de ses petits yeux fendus, vifs et étonnés. Le vieux précisa qu'il le dispensait de ses commentaires. Il avait fait son travail et n'avait plus besoin de ses services. Pour la contrepartie Milena s'en était occupée, qu'il passe la nuit prochaine. L'homme s'en fut au milieu des décombres avec sa caisse à clous et son regard perplexe.

Gabriel s'accroupit, porta le combiné à son oreille et entendit avec délectation la tonalité. Il n'avait plus le numéro de Vlad. Quand on pense que ces enfoirés de châtelains le lui avaient tiré ainsi que ses faux papiers. Pour Pedro pas de problème c'était du par cœur.

On décrocha au terme de sept longues sonneries. Un homme arraché au sommeil, sur le qui-vive, demandant ce qu'on lui voulait. Gabriel se fit connaître. Aussitôt Pedro débita un flot de jurons catalans puis se radoucit.

– Ce que je dis, c'est pour ton bien. Imagine que ma ligne soit écoutée. Remarque moi j'en ai rien à glander, tu penses à mon âge ! C'est vrai aussi qu'avec mon brouilleur. Attends, je le mets en fonction (Il y eut une série de brefs sifflements). Voilà, bon, de quoi t'as besoin ?

Le Poulpe le lui dit et ajouta qu'il faudrait assurer un service supplémentaire, à savoir la livraison des armes sur le théâtre des opérations (Gabriel lui dit où et quand). Pedro objecta que c'était une requête inhabituelle mais que bon, on assurerait. Avant de raccrocher Gabriel lui demanda aussi de rassurer Cheryl sur sa santé et que si l'un ou l'autre avait un message à lui faire parvenir que ce soit par son intermédiaire à lui, Pedro.

Lorsqu'ils rentrèrent Gabriel remarqua un peu d'animation dans la colonie à cause d'un couple de miliciens qui avait fait une incursion jusqu'à la deuxième ligne de bicoques. Ces hommes portaient des casques anti-émeute au rabat de plexi rabattu sur la face. Ils tenaient leur fusil à pompe d'un air détaché mais on les sentait à cran. Gabriel se demanda si l'un d'entre eux était le para. Le vieux fit faire un détour pour les éviter.

– Quelquefois ils viennent faire une démonstration comme aujourd'hui. De l'intimidation pure. Ils ne pénètrent jamais très loin. Possible aussi qu'ils te cherchent !

Une bonne partie de la journée, Gabriel somnola sur son grabat sans avoir revu Milena. Que pouvait-il faire d'autre sans arme ? Vers 15 heures il décida de visiter un peu, à commencer par le grenier.

Sa soupente était prolongée par deux autres volumes. Dans le premier, un gros tas de charbon – des boulets d'anthracite – occupait une grande partie du plancher. Un casier à bouteilles était appuyé contre une cloison et supportait quelques flacons pleins. Il les mira avec l'espoir de découvrir de la bière. À la suite de quoi, déçu, il ouvrit grand la porte du troisième volume pour donner de la lumière. Il était empli de caisses de toutes tailles raturées d'inscriptions (roumaines ?). Gabriel en ouvrit quelques-unes, histoire d'en vérifier le contenu. Elles renfermaient de très vieux vêtements et, à ce qu'il lui parut, de la paperasse sans intérêt. Néanmoins il eut la surprise de découvrir du courrier en français dans un caisson. Il l'emporta dans sa soupente et s'étendit sur le matelas. La correspondance ne datait pas d'aujourd'hui. Il tomba sur cette lettre qui le laissa songeur :

Sibiu, ce 18 mars 1987

Ma chère Milena,

Par pitié, ne me laisse pas dans cette cruelle incertitude. Deux ans depuis votre installation à Sainte-Croix-des-Eaux et seulement un courrier de toi. Qu'ai-je fait pour que tu me traites de la sorte ? Depuis votre départ j'ai perfectionné mon français, juges-en ! En quoi ai-je démérité ? Ne suis-je plus le directeur de ta conscience ? Celui dont la nature si féminine avait su se faire aimer de toi ? De grâce, ne maintiens plus ce silence entre nous qui me tue plus que ne le ferait une exposition prolongée au grand soleil de midi. Redeviens l'épouse aimante dont je me plais encore à vanter les mérites auprès de notre communauté.

Sache que de terribles événements se sont produits depuis votre départ. Le conflit est devenu terrifiant. Le régime est ébranlé. Des Sangs Chauds sont descendus des montagnes pour marcher sur la ville. Les soldats ont eu grand peine à les contenir. Des renforts armés sont attendus dans les jours qui viennent. Le couvre-feu a été instauré à la nuit tombante. Notre situation est précaire et dans la journée le tumulte et la mitraille troublent notre sommeil. Imagine, chère génitrice, les Sangs Chauds appliqués à renverser Ceaucescu qui pour maintenir sa tyrannie fait tirer sur ces hordes de traîne-savates. Tout ce sang bu par la terre, quel gaspillage !

Dans cet étalage de misères, un rare bonheur : avant-hier soir j'ai eu l'idée de faire venir ce délicieux dentiste de Hateg afin qu'il soigne ma canine cassée. Il est arrivé sans méfiance. La maison lui a plu. Je l'ai installé dans la chambre rouge ; c'est la plus fraîche. Je n'aurai donc pas à sortir de la semaine.

Remercie-moi, chère femme, d'avoir su anticiper la montée des périls et vous avoir expédiées notre fille et toi à l'étranger en compagnie de quelques autres. Si les débordements persistent, peut-être devrons-nous prévoir l'expatriation complète de la colonie.

Mon cœur se gonfle d'allégresse à la pensée de vous savoir toi et l'enfant, pourvus du gîte et du couvert. (Pardonne ce trait facile, à défaut d'esprit c'est une manie qu'un pauvre diable tel que moi répugne à éliminer.)

J'attends impatiemment de te lire et d'apprendre par ta plume, les détails de votre nouvelle existence.

Je connais ta nature ardente et compliquée et j'ai la crainte qu'elle ne t'entraîne à quelque imprudence... Prends soin de toi !

Je t'embrasse comme je t'aime.

Ton José

PS - Tu sais mon goût pour les travaux manuels. Je passe mes nuits à renforcer nos couvercles tout en chantant de l'opéra sans risque (coton sur les tympans). Ah si tu pouvais m'entendre plagier Callas dans ce déchirant final de la Traviata : « Se una pudica vergine ! »

Gabriel réfléchissait au contenu de la lettre quand il entendit qu'on montait à l'échelle. Il glissa vivement la correspondance sous le matelas. C'était Milena qui venait le chercher.

13 - Lettre à Felice

Ils marchaient côte à côte sur la berge. L'air était devenu humide et frais. Une silhouette parfois glissait non loin d'eux et disparaissait dans la brume qui montait des eaux et se répandait lentement sur les prés. Provenant de la Muraille de Chine qu'on ne distinguait plus, des grondements et des crépitements déchiraient la quiétude du soir.

– Vois, c'est au bout des prés, en face des peupliers, que Felice et son fiancé ont été enlevés par ces pourceaux du Château.

– Les bruits c'est quoi ?

– La milice qui nous mitraille. Elle s'imagine que la pénombre la protège, que la population de Sangs Chauds ne se rend pas compte. Tu parles ! Tu entends ce boucan ?

– On peut s'en approcher ?

Ils quittèrent la berge et obliquèrent vers les premières maisons. Ils progressaient dans l'obscurité. Aucune lumière n'éclairait la colonie pénitentiaire. Ils étaient à une vingtaine de mètres de la muraille. Brusquement on entendit un flop étouffé. Le ciel s'illumina. Comme une torche céleste un cylindre métallique empanaché de tissu dériva.

– Grenade éclairante, prévint Milena. Attention, ils vérifient s'il y a des nôtres sur la muraille.

Il devait y en avoir car on entendit aussitôt un crépitement d'arme automatique et des cris.

– Vous ne ripostez pas ?

– Seulement s'ils pénètrent de nuit dans la colonie, mais c'est assez rare. Viens, je vais te montrer autre chose ! fit-elle d'un ton sinistre.

Ils longèrent la muraille jusqu'à un raide petit escalier taillé dans le bâti de pierre. Milena en entreprit l'escalade. Gabriel le nez sur les chevilles de la femme buvait du petit lait. Au vrai, avec l'obscurité il ne distinguait qu'imparfaitement les jambes souples de la femme. Il en vint à souhaiter l'explosion d'un bouquet de grenades éclairantes. Le sommet de la muraille pouvait avoir quatre-vingt-dix centimètres de large. Il était épaulé d'un muret qui protégeait des éventuels projectiles si on avait la sagesse de se baisser un peu. On y avait vue sur la ville et ses lumières avares. Gabriel se courba comme faisait Milena et ils cheminèrent ainsi vers le bruit et les exclamations.

– Nous y voilà, chuchota Milena. Penche-toi et regarde en bas mais fais très attention tu es plus fragile que moi !

Gabriel risqua la tête. Il aperçut nettement, grâce à de sporadiques jets de flammes, des miliciens en tenue. Ils se penchaient sur des corps, les retournaient en les insultant et les dépouillaient de ce qui les intéressaient, après quoi le porteur d'un lance-flammes carbonisait la victime. Un des supplétifs urinait sur une carcasse tandis qu'un autre le prenait en photo. Le flash de l'appareil éclaira une colonne de vapeur blanche. Une odeur abominable s'élevait des tas dispersés. Gabriel vit un milicien qui desserrait les mâchoires d'une tête coupée à l'aide d'un pied de biche. Le pillard préleva deux dents aux gencives découvertes avant que n'officie le lance-flammes.

– Les canines évidemment, affirma Milena d'une voix altérée. Ils les vendent à des amateurs qui en font des colliers. Qu'en penses-tu, des trophées magnifiques, non ?

– Comment se fait-il que des gens de votre communauté se fassent piéger de l'autre côté de la muraille ?

– Ce sont des adolescents. Ils veulent faire les malins, tu sais ce que c'est à cet âge. Quand passe une patrouille de miliciens ils vont les narguer se croyant invulnérables. Tu parles ! Ces salopards ont trouvé la solution, ils les calcinent, tu as vu ? Ça arrive surtout le vendredi soir, les miliciens sont saouls comme des cochons, ils viennent traîner ici et multiplient les provocations. Fichons le camp !

Ils rebroussèrent chemin par le trajet des sentinelles et se retrouvèrent sans encombre au pied du mur. Cinq minutes plus tard ils étaient dans la maison de Milena.

– Tu veux manger ? Où donc est Kafka ?

– Je n'ai pas faim. Je vais me coucher. J'emporte cette bougie et des allumettes. Demain j'aurai des armes et aussi un tas de questions à vous poser, Milena.

Elle le regarda étrangement et dit :

– Des questions comme quoi ?

– Comme celle-ci : pourquoi dire que Felice est votre sœur alors qu'elle est votre fille ?

– …

– Vous ne répondez pas ?

– Non.

– Peut-être est-ce pour cacher votre âge. Ce serait stupide ; vous paraissez trente ans alors que probablement vous en avez dix de plus. Quelle importance, vous êtes belle même avec vos vieilles artères.

Gabriel abandonna Milena dont l'expression ne s'était pas modifiée. Il arriva à la soupente où régnait une chaleur étouffante. Il posa le bougeoir sur le plancher et éternua à cause de la poussière. Il ouvrit le vasistas. Des éclairs blanchissaient la nuit du côté de la muraille.

Gabriel s'étendit et extirpa les lettres de sous le matelas. Il en parcourut plusieurs qui lui parurent sans intérêt. Mais il sursauta et se retrouva assis à lecture de celle-ci :

Sibiu, ce 10 avril 1987

Chère Felice,

Apprendre que ma femme était enceinte en partant de Sibiu, c'est une chose, mais que sa grossesse arrive à terme et l'apprendre par toi ma fille, avoue que c'est difficile à vivre même si je suis le père. Quel sexe je préférerais pour l'enfant et quel nom lui donner, comment saurais-je ? Puisque Milena a choisi de me cacher cela, qu'elle se débrouille !

Ici, pour peu que la situation vous intéresse, cela s'est encore détérioré. Treize villages ont encore été rasés. Les choses vont devenir rapidement intenables malgré les regroupements opérés dans nos derniers bastions. Nos maisons sont détruites à l'aide de machines puissantes. On les appellent bulldozers (je ne suis pas certain de l'orthographe). Ce terme désigne un redoutable char mécanique qui abat plus d'ouvrage que vingt paires de bœufs attelés. Je dois avouer que mon intérêt pour la mécanique s'en trouverait comblé si cette force produite n'était dirigée contre nous.

J'en viens, hélas à l'inacceptable : nos cimetières sont profanés. Les débris de nos pauvres chaumières servent à combler les tombes éventrées par les prodigieuses machines. Honte à notre peuple qui a laissé s'accomplir de si abjects forfaits. Il est tard pour relever la tête et montrer les dents.

Je suis très pessimiste, Felice, et je sais que le salut ne pourra venir que de vous qui œuvrez pour le bien commun. Cependant soyez prudents. Bien qu'on dise l'administration française aussi sotte que la nôtre, ne sous-estimez pas ses fonctionnaires, s'ils savaient votre nature, ils s'appliqueraient à vous perdre.

Souffre, Felice, le rappel de ces sages conseils de sécurité. Ils sont notre force et je l'espère assureront notre immortalité.

José, ton père qui t'aime

Gabriel ne trouva le sommeil qu'au petit matin après avoir lu le reste du courrier qui ne lui apporta que peu d'informations intéressantes. C'est encore le trépignement des corbeaux sur le toit qui le réveilla. La lumière par la lucarne était grise. La bougie s'était entièrement consumée. Une journée difficile s'annonçait. À proximité de sa main il y avait une lettre cachetée portant son nom. Il l'ouvrit avec appréhension.

Gabriel,

Ce soir je répondrai à tes questions. Si j'ai évité de le faire jusqu'à présent c'était pour te préserver. Ne pense surtout pas que j'ai quelque chose à te cacher, d'autant que tu as mis le feu à ma chair. Je crains ta réaction après ce que tu vas apprendre sur moi. Je pensais que tu connaissais nos coutumes, notre nature... Il semble qu'il n'en est rien, ou presque.

Si après l'embrasement des sens, d'aventure l'amour devait nous submerger comme il arrive parfois, ce serait une épreuve supplémentaire et sans doute un grand malheur. Il me paraît que nos espèces sont trop différentes. Je n'ai pas tenté l'assimilation comme José et quelques autres l'essaient depuis leur arrivée en France. L'assimilation réclame d'importants renoncements : habitudes alimentaires, activité professionnelle diurne, comportement amoureux apaisé. Et aussi de grands sacrifices comme celui d'accepter de mourir un jour.

Tout cela valse dans ma tête, s'ajoute à la douleur d'avoir perdu ma fille (Felice était ma fille, oui !) et aussi de devoir lui rendre justice. Par ailleurs j'ai le souci de m'occuper de Kafka qui arrive au bout de son chemin. Vois, Gabriel comme mon fardeau est lourd...

Milena

14 - Rapport pour une académie

Kafka lui avait indiqué le meilleur trajet : longer la berge, contourner Sainte-Croix-des-Eaux jusqu'à rencontrer l'étroite vicinale poudreuse et s'y engager.

C'était une drôle de ville que cette ville : fermée, secrète, à la botte des châtelains et de leur milice. Il était temps d'aller visiter ce qui en constituait la puissance économique : ses mégisseries. Au préalable Gabriel voulait rencontrer l'homme appelé Carabin que le châtelain avait évoqué en conversant avec son fils dans le terrier alors qu'ils pratiquaient leur monstrueux cérémonial.

L'hôpital était un bâtiment en L de quatre étages, clair, récent, érigé dans une zone déclive à deux encablures des faubourgs de Sainte-Croix-des-Eaux. Sur le devant masqué partiellement par de la frondaison, on distinguait le parking avec deux ou trois chiottes stationnées et la guérite des miliciens ; *des miliciens armés !*

Gabriel qui arrivait par l'arrière se trouva bientôt au pied d'un mur blanc de deux mètres de haut ; la vicinale se terminait en cul de sac. Il n'avait rencontré personne, les indications de Kafka étaient bonnes.

Les grandes paluches du Poulpe allèrent se coller au faîte de l'obstacle et hissèrent le reste du corps. L'homme sauta et atterrit dans la terre meuble d'un massif d'hortensias où il s'enfonça. Des ouvertures vitrées donnaient de son côté ; il avait l'impression que des dizaines de paires d'yeux l'observaient. Rapidement il gagna le bâtiment et avisa une porte de service métallique. Elle était verrouillée. Il chercha un autre moyen de pénétration tout en restant hors de vue des miliciens.

Il se courba et passa sous une rangée de baies vitrées qui donnait dans des chambres bénéficiant de la climatisation. Une seule était basculée. Il risqua un œil. Sur le lit un patient était immobilisé par des Sandows. Une rose bleue boutonnait dans une buire. Sans tergiverser Gabriel s'immisça avec des grâces pataudes et modérément bruyantes dans la turne hospitalière. Une odeur de désinfectant le prit au nez. Gabriel s'approcha du lit.

– Gabriel ? interrogea la forme allongée.

C'était un homme aux yeux fiévreux dont seule la hure, particulièrement chevelue et barbue, émergeait d'une camisole qui l'enveloppait complètement.

– Oui, mais je n'ai pas l'impression de vous connaître.

– Tu viens m'annoncer la bonne nouvelle, n'est-ce pas ?

– La bonne nouvelle ?

– Qu'enfin je suis enceinte.

– Enceinte ? considéra Gabriel, je n'y vois pas d'inconvénients mais vous êtes une homme, non ?

– Je suis la Vierge Marie. Je vais être maman du fils de Dieu. Tu t'es mis en retard, Gabriel. Touche mon ventre, Jésus bouge.

Le ventre, en effet, sous le textile de contention paraissait singulièrement enflé. Un graphique au pied du lit indiquait la progression de la maladie mentale.

– Touche-moi le bide ! insista le barbu.

– C'est pour quand ? atermoya Gabriel.

– En principe pour le 24 ou le 25 du mois de décembre, on peut pas être précis à 100 %.

– Vous allez voir que ça va encore être un coup de minuit ! prophétisa Gabriel.

– Joseph est venu hier, il m'a apporté une fleur, dit le barbu.

– La rose ?

– Incroyable ce bleuté des pétales, hein ? J'ai dissimulé à Joseph qu'il n'était pas le père. Il est tellement sensible. Une émotion de travers et hop, la chute. Tu penses, quand on turbine sur des charpentes !

– Je cherche le médecin Carabin, exposa brièvement Gabriel.

– Pour lui annoncer qu'il est en cloque ?

– Je ne pense pas qu'il le soit. Combien y a-t-il de toubibs, ici ?

– Que Carabin.

– Où puis-je le trouver ?

– Il est partout, affirma le barbu avec inquiétude.

Gabriel convint qu'ainsi il ne pouvait le manquer. Le visage de l'homme poilu prit soudain cet aspect tendu et soucieux qu'on a lorsqu'on s'exonère dans une sanisette. La camisole dans son milieu se colora de sombre. Le Poulpe comprit le pourquoi du désinfectant.

– Gabriel !

– Oui ?

– Souvent j'ai des contractions. Quand ça s'arrête, je pousse, tu penses bien ! Ça m'ennuierait nullement d'accueillir le Sauveur avant terme. Ce qui me fait peur c'est que Carabin assure qu'on va me descendre au sous-sol avec les animaux. Il prétend que ça va mal se passer et qu'on va me coller les forceps. Dis Gabriel, est-ce que j'aurai besoin des forceps ?

Gabriel affirma que non vu que Jésus, c'était connu, allait se retrouver propulsé sur la paille de l'étable plus rapidement qu'une lettre à la poste ; resterait pour elle, *la mère*, si la naissance était pour cette année, à lui choisir une bonne crèche. Ils échangèrent un regard de compréhension. Un ange passa. Gabriel referma la porte doucement et s'en fut par un rectiligne couloir aseptisé.

Il régnait un silence profond, à croire qu'il n'y avait personne derrière toutes ces portes. Au bout du couloir une zone plus éclairée signalait qu'on atteignait un poste infirmier. Le Poulpe pointa le nez. Une femme potelée, en blouse blanche, tranchait un cake rencogné dans son conditionnement d'aluminium. Les boucles brunes de l'infirmière s'agitaient sous l'effort. Elle s'énervait. Gabriel en profita pour passer furtivement. Il fila dans un couloir semblable au premier mais allant sur la droite. Un homme trapu et congestionné surgit d'une chambre numérotée et apostropha le Poulpe avec colère, lui demandant s'il était lui aussi un putain de toubib. Gabriel l'assura que non. L'homme à qui on pouvait donner cinquante ans ou bien soixante ou bien pas d'âge du tout et qui semblait un paysan endimanché déclara qu'il allait enfumer Carabin. Il précisa que ça ne lui posait pas le moindre problème vu qu'il était comme cul et chemise avec un député influent qui le couvrirait, etc... Lorsqu'il eut exposé dans le détail l'étendue et l'atrocité de ses futures représailles, Gabriel s'enquit de la raison de son indignation. L'homme en pétard toisa Gabriel puis devint gris soudain et palpa la part gauche de son thorax.

– J'ai le palpitant qui barre en couille !

– Détendez-vous, conseilla sottement Gabriel.

– C'est la faute à ce trou du cul de Carabin. Il trafique le sang de mon Léon, signifia l'intime du parlementaire. Aïe ! Putain, faut que je m'assois !

Gabriel suivit l'homme qui pesamment revint dans la chambre et se laissa tomber sur un lit dans lequel soubresauta un garçon au visage exsangue. L'intime du parlementaire avala de grandes goulées d'un air qui commençait à lui manquer. Lorsqu'il se fut refait un peu, il désigna le garçon.

– Regardez, bordel, dans quel état Carabin a mis mon drôle !

– Qu'est-ce qu'il a ?

L'homme qui avait reconquis un souffle fiable eut un air embarrassé et avoua :

– La maladie du singe !

– Pardon ?

– Vous savez bien…

Le père gardait maintenant le regard sur ses grosses paluches.

– La maladie du singe ? Le sida, non ? pressentit Gabriel.

La tête du garçon squelettique tourna sur l'oreiller et des yeux démesurés se posèrent sur le Poulpe sans ciller. Miroirs crépusculaires de souffrance insondable.

– Le morticole a menti, énonça amèrement son père. Il m'a empêché de faire hospitaliser le gamin à Angoulême, ils ont pourtant un service là-bas pour soigner… la maladie du singe. M'a assuré qu'ici on allait s'en occuper. Mon cul, regardez ses veines !

L'homme arracha le drap qui couvrait le garçon. Les bras le long du torse ressemblaient à de menues branches mortes autour desquelles s'enroulaient des veines noires et durcies presque aussi grosses qu'eux.

– Carabin voulait pas me laisser entrer ! s'insurgea l'homme. Je vais écrire un rapport à l'Académie de médecine, mon député va m'aider. Je vais le faire sauter moi, Carabin. Il lui a pompé tout son résiné à mon drôle. Va crever maintenant mon Léon. Et vous savez pas tout…

Gabriel dit qu'il ne savait pas tout, en effet. L'homme approcha sa gosse tête de celle de Gabriel et murmura le souffle court :

– Lui ont même volé sa semence !

Un monte-charge desservait le sous-sol mais le Poulpe utilisa l'escalier de service. Au bas des marches de ciment Gabriel poussa une porte groomée et se retrouva dans un hall haut de plafond avec une porte verrouillée. Gabriel frappa sur l'épais panneau renforcé de tôles d'acier. Une lointaine sirène se déclencha suivie d'une cavalcade assourdie et d'exclamations confuses. Gabriel aurait eu besoin d'une barre métallique pour forcer la lourde mais il n'y avait ici que l'inutilisable tuyauterie du chauffage central courant à trois mètres du sol. Il considéra la grille au-dessus de la porte qui protégeait l'imposte et se mit à la recherche d'un objet susceptible de lui faire gagner quelques centimètres. À l'intérieur d'un placard mural il découvrit une caissette ayant contenu du Château Margaux 1979. Gabriel vira les produits d'entretien qui l'encombraient et courut la disposer au pied de la porte. Il monta dessus et approcha avec défiance son nez de la vitre.

Les yeux du Poulpe accommodèrent aidés par la grise clarté que diffusait un soupirail. Il lui sembla distinguer une pièce en longueur et des choses telles que d'inquiétants placards disposés en vis-à-vis. Au milieu de cela se trouvait une façon d'établi au plateau de marbre épais. Mais voilà qu'on déboulait dans l'escalier et que le monte-charge dévissait en clignotant. Gabriel écrasa son nez contre la grille. Les placards, enfin disons les drôles de niches, présentaient en façade d'étroits évents grillagés. Le Poulpe sauta de son caisson à pinard.

15 - Premier chagrin

Le milicien Gaëtan Grodésir adorait qu'on l'appelle GG. C'était un enfant du canton. Il était trop petit pour son goût et recourait à des semelles compensées. À dix-huit ans révolus, en ayant par-dessus la tête de retourner la glèbe pour le compte d'un agriculteur dur au labeur, il avait cherché à s'engager dans la Légion étrangère. Comme il lui manquait cinq centimètres pour atteindre la taille réglementaire il s'était haussé sur la pointe des orteils. Le toiseur qui était à quatre jours de la quille et saoul comme un cochon, n'y avait vu que du feu. Sept mois plus tard le petit resquilleur entamait deux déprimantes années de forteresse au terme desquelles l'armée le réexpédiait dans ses foyers. Son crime avait été de sodomiser en le strangulant un bouc vénéré. L'animal qui répondait en bêlant au nom de Julius était la mascotte du régiment. Passe encore l'acte contre nature – d'ailleurs qui de nos jours pourrait se prévaloir de ne désirer jamais que l'objet consacré ? – mais assassiner un vétéran, fusse un caprin malodorant authentifié au son des tambours de guerre lors de l'audacieuse campagne bosno-forpronusienne, avait fait crier au loup la grande muette et châtier l'empaffeur.

Présentement l'homme déboulait donc, un Colt Anaconda de calibre 44 Magnum à la dextre et Carabin aux talonnettes. Ce Gaëtan Grodésir c'était également, soulignons-le, quelqu'un de rompu à tous les exercices du corps, spécificité qui lui avait valu une embauche rapide au sein de l'équipe milicienne locale. L'écarte-naseaux collé sur le pif du sodomiste nous indique qu'il avait fait dans sa course le plein d'oxygène. De fait l'homme ne manquait pas d'air quand arrivé au bas des marches il percuta de l'épaule la porte groomée et fit irruption dans le hall. Le suspect pouvait être armé… Carabin circonspect resta à l'abri derrière la porte repoussée. Le temps dut lui paraître long car Grodésir ne vit rien immédiatement qui ressemblât à un intrus. Il considéra la caissette de pinard disloquée au sol. Il comprit qu'elle avait servi à bloquer la cabine entre deux étages en bousillant le clavier d'appel du monte-charge. Le collègue suspendu dans le temps et l'espace devait ronger son frein ! L'intrus s'était-il planqué dans le puits de circulation de l'appareil ou bien non ? Lorsque GG repéra la discrète porte du placard à balais, sa face s'éclaira. Il assura l'arme dans sa paume moite et intima :

– Sors de ton trou !

Comme rien ne venait, il s'approcha de la porte encastrée.

– Dégage, bourricot ! murmura-t-il avec exaltation en manœuvrant la poignée.

– On en est où, actuellement ? questionna la voix étouffée de Carabin.

Grodésir ouvrit grand. Le volume de service ne contenait qu'un aspirateur industriel et un balai O'Cédar.

– Elle est raide celle-là ! énonça Grodésir avec une incompréhension d'homme spolié.

Brusquement le ciel lui tomba sur le râble. Un poulpe s'était détaché de la tuyauterie du chauffage central, avait atterri sur ses épaules et phagocytait son torse et ses membres supérieurs. Le comble fut que cette horreur sonna ses oreilles avec des enclumes. La traîtrise de l'agression révolta Gaëtan Grodésir. Il verticalisa son pétard, autant que faire se peut et tira en direction de la tête de pieuvre. Un morceau de ciment se défit du plafond et le hall s'emplit d'une fumée rubéfiante. Il entendit qu'on tambourinait lointainement dans le monte-charge bloqué et insultait grossièrement les dirigeants de la firme Otis. C'est à peine s'il sentait l'étranglement que Gabriel lui avait appliqué à l'encolure. Il perdit connaissance en rêvant du bouc Julius et se demandant si l'animal marin qui le chevauchait allait profiter de sa vacance pour…

Gabriel ouvrit la porte groomée et se trouva face à un petit homme au visage chafouin vêtu d'une blouse blanche trop vaste pour lui. Un stéthoscope pendait sur sa poitrine creuse. Des poils sortaient de ses oreilles et de ses narines en touffes poivre et sel. La sirène du centre hospitalier s'était remise à hurler bientôt couverte par une arrivante au ton plus aigu.

– Tiens, l'étranger ! observa le chafouin.

– Carabin ? s'enquit Gabriel.

– Docteur Carabin !

– Je ne te félicite pas, tes pratiques sont celles des toubibs nazis.

– Qu'est-ce que vous pouvez connaître à la science, à ses buts ambitieux, minable zoïle ?

Carabin tenait ses petits poings crispés dans ses poches de blouse. Ses yeux lançaient des éclairs. Une sirène s'éteignit. Carabin produisit vivement un scalpel et le planta dans le Poulpe qui rentra le ventre. L'outil resta accroché au cuir de la ceinture et pendit. Gabriel fit un pas et Carabin se mangea un coup de tête de première bourre. L'homme chut. Gabriel le soulagea de son portefeuille et de sa montre. Il gravit ensuite quatre à quatre l'escalier, enfila les couloirs à bride abattue et bouscula l'infirmière potelée qui en avala d'un coup la barre Nuts qu'elle portait à sa bouche. Gabriel ouvrit une porte de chambre au hasard, renversant un homme chauve et en slip, le front pansé, qui se traînait vers le cabinet de toilette. Le malheureux s'écria :

– Poulpe, ah non !

– Excuse-moi, Vergeat.

Gabriel fit basculer la baie vitrée et sauta sur

l'arrière de l'hôpital. Sur le devant des miliciens s'éjectaient d'un véhicule et se déployaient.

À 11h40 à la montre de Carabin, Gabriel sortait du bois et retrouvait Pedro au carrefour de la départementale et du chemin menant au Château. L'auto de Pedro était à l'ombre sous la ramée. Pedro cueillait des primevères. Il expliqua :

– C'est pour une bonne amie que je me suis faite. J'ai ce que tu as demandé mais il a fallu le faire venir de Corse. J'ai ajouté un article. C'est expérimental. Tu me diras ce que tu en penses. Évidemment c'est gratos.

Gabriel exhiba les coupures trouvées sur Carabin (une somme qui aurait assuré pour trois mois le gîte et le couvert d'un député européen en goguette).

– Il y a plus que prévu, c'est pour le dérangement.

Pedro ne releva pas et dit :

– J'ai aussi un message de Cheryl. Tu sais que tu déconnes, Gabriel ! Cette fille est inquiète et mécontente. Je ne lui donne pas tort. Si d'ici deux jours tu ne lui as pas fait signe, elle affirme que tu trouveras ton pyjama sur le palier.

– Je dors à poil ! fit valoir le Poulpe.

– C'était façon de parler et aussi elle veut savoir où tu en es de ton régime et combien tu as perdu. Voilà, Gabriel, j'ai rien oublié, je crois !

L'homme claqua l'épaule de Gabriel et déposa le bouquet de primevères sur le tableau de bord. Ensuite il cracha sur la mousse et dit que

Sainte-Croix-des-Eaux avait l'air d'une drôle de ville. Le Poulpe assura que oui que c'était une drôle de ville. Après quoi il s'empara du pesant sac de voyage contenant les armes et s'enfonça dans la forêt pour rejoindre la vicinale poudreuse. Ainsi Cheryl le menaçait de rupture. Et bien soit, il avait le corps et l'esprit tellement torturé par la proximité de Milena qu'il se fichait comme d'une guigne des états d'âme de l'amante coiffeuse.

Gabriel pénétra dans la maison silencieuse avec la clef qu'on lui avait confiée. Que pouvaient faire ses occupants ? Il monta dans la soupente et vida le sac de sport. Il contenait le fusil israélien Galil Destructor pour tir perforant à grande distance et le pistolet autrichien Glock ainsi que leurs munitions. Pedro n'avait pas oublié la lampe torche, bien ! Avec curiosité Gabriel déballa le paquet mystérieux. Il s'agissait d'un coffret contenant trois sphères nervurées logées dans des alvéoles de mousse avec une notice d'utilisation en langue anglaise. Gabriel en entreprit la lecture. Il apprit que les sphères étaient des grenades à effets flash. De fabrication américaine, elles avaient été concoctées par l'ARDEC (Armament Research, Development and Engeneering Center). Elles appartenaient à cette nouvelle génération d'armes dites non létales c'est-à-dire peu mortelles. Gabriel sortit les grenades de leurs niches et les examina en même temps qu'il consultait la notice. Plus tard il mania le pistolet et le fusil jusqu'à ce qu'il les ait complètement à sa main après quoi il s'étendit et pensa à Milena et

Cheryl. Le soleil se couchait en badigeonnant les murs de la soupente d'une couche de sang frais. Gabriel se leva, soudain, étreint d'une ténébreuse appréhension.

Il descendit l'échelle de meunier, arpenta l'interminable couloir humide sollicitant la vessie. Lorsqu'il arriva en vue du séjour son cœur se mit à taper à l'instar d'un gong. Il ralentit malgré lui car ses jambes répugnaient à avancer. Un silence équivoque s'appesantissait. Pas un silence, non. Gabriel se fit violence et repartit.

Il y avait CELA dans le fauteuil...

Au dehors, derrière l'épais voilage des rideaux, l'astre sombrait en embrasant la Muraille de Chine. Pénombre sanglante à l'intérieur. Et lui qui croyait avoir tout vu de ce qu'il y avait à voir chez l'humain ! Horribles sons. À n'en croire ni ses yeux ni ses oreilles. Écœurants bruits de succion. Ce qui vint au libertaire Lecouvreur pour désigner ce spectacle fut le mot « indécence ».

Et *ELLE* qui le regardait pendant *CELA* de ses immenses yeux clairs en amande ainsi qu'une *MADONE VÉNITIENNE*. Belle, transparente, sublime d'innocence et de limpide ironie. Auréolée de ses cheveux de miel. Avec sa robe rabattue sur le devant qui exposait, fruits trop vifs accrochés à un torse gracile, des seins aux aréoles sombres et tétons aigus.

Et *LUI*, Kafka, le vieillard cacochyme, n'ayant pour tout vêtement que ses charentaises éculées, en fait aussi nu qu'un lombric gras, lové sur les belles jambes fuselées de Milena, avec sa pilosité grise et rare, son pénis suintant pareil à une souris putréfiée, suçant un sein avec l'avidité d'un nourrisson.

– Je vais t'expliquer, murmura Milena.

– Expliquer ! Quelle consternante justification pourriez-vous avancer ? Je retourne à Paris !

Milena éloigna avec douceur et fermeté la tête du vieillard, pivota et présenta un mamelon frais à la gueule vorace qui s'en empara en émettant des gloussements comblés. Gabriel parvint à décoller ses semelles et s'enfuit.

16 - La galerie

Boire. Dans le réfrigérateur Gabriel rafla un assortiment de bières qu'il répartit dans les poches, sous les bras, dans la chemise et emporta dans la soupente. Les étiquettes indiquaient : Rocky Cellar, Pîntigam, Starobrano... Après l'absorption de la première canette il tremblait encore. À l'aide des dents il décapsula une Krone, cette viennoise blonde si agréable pour quelqu'un capable d'en faire le constat.

Plus tard les pigeons sur le vasistas purent voir l'homme pompette couché sur le dos en travers de la couche, tentacules désemparés et tremblant toujours. C'était nerveux. Une réaction physique au venin des images. Tout l'orge fermenté du monde, fût-il aromatisé de fleurs de houblon, n'en pouvait mais.

Gabriel l'entendit monter.

Quelle rigolade ! Sans doute venait-elle porteuse de ce petit vieillard nu à peau de lombric. Elle le disposerait sur son corps à lui qui ne pouvait plus bouger, seulement trembler et éructer. Elle s'effacerait pour que la lumière du vasistas baigne le spectacle du fossile jouant avec ses organes de Poulpe ivre effondré au milieu des canettes vides.

La porte s'ouvrit. Milena entra seule et rajustée. Digne. Belle encore autant. Quelle farce ! Elle marchait de long en large sous la charpente. Ses profils successifs exprimaient le souci. Lors d'une volte-face son front heurta le blochet du comble. L'homme se mit à hennir de contentement puis se fit la réflexion que cette bouche furieuse était capable d'un amour exceptionnel.

– Tu as l'air malade, Gabriel ! Écoute ceci, parce que je crois que cela pourrait aussi bien te faire rire !

– Je ne demande pas les tenants et aboutissants, avança Gabriel. Avouez cependant que si je voulais donner du sens à l'événement…

Elle lui jeta un regard de colère et conta :

– *«J'ai onze fils.*

«Mon onzième fils est délicat, il est sans doute le plus faible de tous mes fils, mais c'est une faiblesse qui trompe ; il peut en effet témoigner d'énergie et de décision, mais à vrai dire, même alors, c'est la faiblesse qui forme le fond. Ce n'est pas une faiblesse honteuse, c'est une chose qui ne paraît faiblesse que sur cette terre. Prendre son élan pour voler, n'est-ce pas aussi

une faiblesse ? L'oiseau boitille, titube, bat des ailes. Mon fils accuse des dispositions du même genre. Naturellement, elles ne font pas plaisir à la mère ; elles tendent à la destruction de la famille. »

– Franz Kafka, hein ! Milena, qu'essayez-vous de me dire ?

Alors la femme confessa qu'elle avait deux enfants ; sa fille Felice née en 1920, son orgueil, son enfant chérie qui avait suivi assidûment les préceptes de la race. L'autre…

– Ben voyons ! la coupa Gabriel qui était fin saoul. L'autre est en nourrice, sûrement.

– L'autre c'est Kafka, reprit Milena. Il a vu le jour en 1981.

Et Milena expliqua que Kafka n'avait jamais été sevré. Il s'alimentait exclusivement de laitages à la manière de certains Sangs Chauds et aussi en ingurgitant une grande quantité de bière qui agissaient sur son organisme comme des neuroleptiques. Habitudes dangereuses qui vous vieillissaient votre Kafka avant l'heure et doucettement le traînaient au tombeau. Résultat : Kafka faisait beaucoup plus que son âge même à la toise des Sangs Chauds, bien qu'il soit resté un moutard fragile réclamant soins et caresses maternelles.

Dans ce moment-là Gabriel partit d'un rire irrépressible. Réflexe provoqué par l'incroyable histoire. Il tenta de déchirer le brouillard alcoolique en ironisant :

– Alors ils n'ont que soixante et un ans de

différence ces mômes. Oh, ça aurait pu être pire !

Milena le gifla. Gabriel, joue en feu, résista à l'envie de lui décocher un pain. Ils se regardèrent en ennemis. Dans les yeux de Milena, au centre de l'immensité d'eau pâle, courut un aileron noir. Enfin l'animal s'enfonça dans les profondeurs. Milena desserra les lèvres. Gabriel vit briller des canines limées. Elle dit :

– Mon corps est exaspéré.

Le Poulpe toucha le visage et le cou brûlant comme de la glace. La peau exhalait une senteur de tilleul et d'humus. L'homme coucha la centenaire et enleva la robe. Ses tentacules palpaient délicatement le corps. Il s'interrompit à cause d'un bruit persistant. Il quitta la couche pour aller voir. Kafka geignait au bas de l'échelle. À la vue de Gabriel il battit en retraite.

Les lèvres de Gabriel couraient sur Milena, s'attardant aux aisselles, à l'intérieur des jambes, aux plis discrets des genoux. La langue explorait l'astre étranger. Elle sondait les fentes, les anfractuosités profondes, les abysses humides. Malgré une aversion trouble les lèvres allèrent aux tétons. Gabriel évita de voir la bouche qui s'ouvrait.

– Approche ta gueule que je la scelle de la mienne ! exigea une voix inconnue.

Gabriel leva les yeux sur ce mystère et rencontra des yeux blancs, fendus, indéfinissables. Une bouche béante sur un alignement de dents acérées sauf les canines aux sommets tronqués. Le palais était noir comme celui de certains chiens. La gorge grondait sourdement. La pulpe des lèvres frémissait. Le Poulpe qui était un brave, et rond comme un manche de pioche, posa avec effroi ses muqueuses sur cette obscurité, sur cette haleine de girofle et de coriandre. Il lui sembla que les cheveux de la dame s'agitaient d'une vie propre. Dans l'amande claire des yeux, l'aileron avait reparu et dessinait de sinistres grands huit. La bouche de la créature emprisonna celle de Gabriel, claquemurant toute velléité de refus. Notre héros suffocant fut pris d'une exaltation baroque et pensa qu'il allait mourir par manque d'oxygène dans une overdose d'épices. Sa vue se brouilla. Il entendit sonner des cloches et il ne les entendit plus parce que soit elles avaient filé vers Rome, soit son souffle à lui en couvrait le tintement. La femme ondoya sous sa carcasse. Il vit que ses larmes coulaient.

– J'ai failli te... soupira-t-elle.

Mais elle ne termina pas et lui martela la figure de multiples succions, de petites morsures douloureuses. La verge de Gabriel devint ogresse. Des fantômes s'éloignèrent dans l'ombre et devinrent ombres eux-mêmes. Milena lui murmura des secrets incompréhensibles. Il en éprouva une joie farouche. Comme il était dans les dispositions qu'on sait, il entra dans le corps de cette femme. Ce fut une cérémonie très ancienne et il n'y avait plus à s'en faire.

Aux premières lueurs de l'aube, Gabriel foulait la rosée. Il arriva à la mégisserie du maire qui affichait sa raison sociale en grosses lettres dont une manquait :

MÉGISSERIE DU CHÂTEAU
PEAUSSERIE DÉCORATIVE EN POIL
Vente de vêtements (cuir et fourrure)
Maroquinerie Gadgets
Tannage à façon
MOUTONS CHÈVRES VE UX VACHES

Au loin, les toits d'ardoises des maisons du faubourg irradiaient une phosphorescence rose. Le soleil allait se lever. Gabriel cassa la serrure. Il disposait d'une heure environ. C'était un vaste hangar qui n'avait pas bougé depuis le début du siècle. Le sol était creusé de cuves dans lesquelles macéraient des peaux. Gabriel savait pour l'avoir lu dans la documentation de José que les bains traitants étaient à base de sels de chrome et d'aluminium (alun), produits qui, au fil du temps, avaient remplacés des substances telles que le tan, le sumac, l'écorce de châtaignier et le quebracho (écorce d'arbre argentin). La senteur émise par cette chimie était puissante et nidoreuse. Gabriel pinça du nez. Il avança entre les cuves, pistolet Glock au poing. Il ne savait pas ce qu'il cherchait ni même s'il cherchait quelque chose mais il souhaitait en connaître le plus possible avant de donner un coup de pied dans ce nid à rats. Le soleil passait maintenant à travers la verrière sale et accrochait des draperies de poussière et de vapeur sur les cuves aux rebords éclaboussés de postillons vert-de-gris. À mi-hauteur du local courait une galerie sur laquelle donnaient des portes. On y accédait par un escalier de bois. Gabriel le gravit. Une plaque d'émail bleu vissée dans la première porte indiquait qu'il s'agissait d'un bureau. Il força la serrure. Le mobilier et la machine à écrire dataient des années quarante. Gabriel entreprit une fouille en règle : factures fournisseurs, factures acheteurs, bulletins de paie. Que du normal ! Un tiroir était rempli de porte-clefs MDC (Mégisserie du Château ?) Il abandonna, tira la porte et força la seconde avec plus de difficulté. Il se retrouva dans une pièce sombre fleurant le cuir neuf et le vernis. Il alluma. C'était un hall d'exposition, un showroom d'assez belles dimensions. Il lui sembla entendre du bruit en bas. Une idée ? Le vent ? Il regarda, ne vit rien, poussa la porte mais pas complètement et éteignit la lumière. On marchait. Il se plaqua au mur et risqua un œil par l'interstice. L'avancée formée par la galerie ne lui permettait qu'une vision partielle du rez-de-chaussée. C'était bien des pas qu'il entendait. Une marche prudente. Les yeux du Poulpe s'habituèrent à la pénombre bleutée. Les pas s'arrêtèrent, ne subsista que le bruit de sa respiration qu'il contrôla. Des sacoches de cuir luisaient dans la nuit américaine. Les pas repartirent. Par dizaines, des peaux pendaient. Les pas approchèrent de l'escalier, hésitèrent. Gabriel enleva le cran de sûreté du Glock. Il y avait une peau de crocodile présentée horizontalement sur deux barres de cintres espacés. Les marches de bois craquèrent. Ce n'était pas un crocodile. Pour autant que la nuit américaine le permettait, Gabriel vit que l'animal ne possédait pas une gueule allongée. Sa tête était courte et on lui avait conservé des dents. Deux canines d'ivoire blanc. Les pas progressaient sur le déambulatoire de la galerie. Gabriel approcha de la peau sur les cintres. Ses yeux étaient brûlants et son cœur sonnait. Il avança la main et reconnut Felice.

Dans le corps de Gabriel des choses primitives hurlèrent. Felice traitée aux sels de chrome et d'aluminium. L'aire de Felice comme le patron d'une robe. Il *toucha* et sa vue se brouilla. La porte s'entrouvrit provoquant un léger courant d'air qui balança mollement la basane de la Kafka. Gabriel Lecouvreur caressa cette douceur incroyable de Felice puis vivement pivota en direction de l'intrus qui ouvrait le feu.

17 - La métamorphose

Au bruit des départs Gabriel s'était laissé choir sur les talons. Il s'agissait d'un tir groupé de six projectiles dont l'essentiel le manqua. Toutefois l'ogive de la cinquième balle, une demi-blindée, lui scarifia la peau du temporal gauche. Il ne sentit rien sauf qu'il se retrouva au plancher, sonné mais sans avoir lâché le Glock. Il était sur le dos à grincer des dents, le visuel hors d'état : sueur, larmes, sang ; et le psychisme sur les genoux : affliction, stress, défaillance de la mémoire immédiate.

Il roula un peu la tête. À dix mètres on alimentait un barillet et jurait effroyablement parce qu'on avait foutu des balles par terre. Gabriel éleva lentement le Glock vers ce tapage. Affirmons ici que le Poulpe ne savait plus trop ce qu'il faisait. Quoiqu'il en soit, lorsque sur l'écran rouge de ses rétines grossit le monstre avec son dard, il zappa. Dans sa main le léger pistolet autrichien toussa. D'abord le monstre s'aplatit sur son erre en renaudant. Puis il se mit à vagir à fendre l'âme. Au vrai c'était le genou de Gaëtan Grodésir qui était fendu. La rotule en morceaux, éclatée. L'artère fémorale pissait son résiné par saccades. Gabriel s'essuya les yeux. Des portes claquèrent. Un violent et sulfureux courant d'air agita la production mégissière. Croupons, basanes, bisquains, cosses, velots, parchemins, chagrins veufs de leur contenu, se mirent à gigoter comme des fous sur leurs cintres. Felice n'était pas la moins enragée.

En surimpression Gabriel entendait ce poème symphonique de Saint-Saëns dans son interprétation toscaninienne grinçante et ironique. Il se pencha sur Grodésir. L'amant de Julius était terreux de mine et bien près de passer. La jambe valide du blessé tremblait. *Danse macabre*. Gabriel déchira une manche de sa chemise et garrotta le membre au-dessus de l'articulation bousillée. L'homme cilla faiblement. À la montre performante de Carabin il était 7h44. Gabriel avait vu ce qu'il y avait à voir. Il roula Felice, la glissa sous son bras et quitta les lieux.

La colonie pénitentiaire vibrait d'une agitation inhabituelle à cette heure du jour. Le soleil avait séché la brume de la rivière. Un half-track aux chenilles cliquetantes s'éloignait en direction de la poterne. Le désespoir sourdait des murs ruinés. L'engin bouscula l'épave sous la poterne. Gabriel franchit la porte disloquée du logis de Milena. Il sortit le Glock et inspecta les couloirs, la cuisine, le séjour. Tout était sens dessus dessous, les meubles gisaient cassés, les fauteuils renversés, lacérés, c'était un vrai merdier. De la main gauche Gabriel redressa un Voltaire et y fit glisser Felice qui se déroula. Les doigts blanchis autour de la crosse du Glock il grimpa à la soupente. Sa couche avait été abondamment compissée. Il la souleva et retrouva intacts le fusil Galil et les grenades flashantes. Il resta là un moment incertain sur la conduite à tenir mais satisfait d'avoir récupéré l'armement lorsqu'il perçut des geignements. Ceux-ci le guidèrent jusqu'au rez-de-chaussée où il finit par découvrir au voisinage des cabinets une trappe presque indiscernable dans le plancher. Il la fit basculer. Des plaintes montaient de l'obscurité. Gabriel repartit chercher la torche dans la soupente. Ensuite, précédé du Glock, il dégringola un roide escalier de meunier.

La cave avait un sol de terre battue. En son centre, sur deux tréteaux, un cercueil au couvercle arraché était posé. Au vrai, ce n'était pas cela qui épouvanta d'abord Gabriel mais le fait que Kafka fut épinglé comme un papillon nocturne au flanc de la bière et agitait ses pieds qui ne touchaient pas terre.

– Sont venus dans une voiture blindée, exhala le supplicié.

Gabriel s'approcha terrifié à la pensée de découvrir le corps sans vie de Milena. Le cercueil tapissé de satin pourpre était vide.

– Votre mère ?

– Surprise en plein sommeil. L'ont emmenée avec eux.

Le supplicié tenait suspendu par une tige épaisse qui le traversait dans la région du cœur et se vissait solidement dans le chêne. Gabriel avait un bloc de granit dans le ventre.

– Je dégote un tournevis et je vous sors de là, exposa-t-il.

– Prends pas cette peine. Sont maladroits ces miliciens, m'ont juste éraflé l'organe. Si vous enleviez la ferraille, avec la dépression qui s'ensuivrait, je claquerais immédiatement. Ce que j'aimerais…

– Qu'est-ce que vous aimeriez ?

– Me taper une bière. C'est aussi bon que le lait maternel, je m'en rassasierai jamais.

Gabriel alla récupérer deux canettes dans la cuisine saccagée.

– De la Diplomat ! spécifia Gabriel.

– Brune, grasse et épicée ! s'enflamma le mourant qui en avala un long gorgeon.

– Vous savez où ils l'ont emmenée ? questionna Gabriel.

Kafka secoua la tête.

– Non, mais je me doute de ce qu'ils vont faire à maman. Faut confesser que pendant des siècles on a eu des comportements parasitaires. Même si actuellement on mute, notre sale réputation nous suit partout. On est une espèce en voie d'extinction.

Gabriel pensa à Felice étendue sur le fauteuil. Un liquide brun moussait maintenant autour de la tige fichée dans le torse du vieux parasite.

– Je retrouverai Milena, jura Gabriel.

– Oui, n'est-ce pas. Regarde comme elle coule bien ! s'émerveilla le vieillard en montrant d'un ongle effilé la bibine qui sortait de son corps.

– Ensuite je trucide cette colonie de miliciens et d'édiles ripoux, parole de Poulpe !

Gabriel s'empara du couvercle du cercueil. Il le tourna sur champ et l'accota aux tréteaux de façon que les pieds de Kafka prennent appui dessus.

– Ça me soulage vachement, reconnut le vieillard. Tu n'entends rien ?

Gabriel tendit l'oreille. Un grondement allait s'amplifiant.

– On dirait le métro.

– Le métro n'est pas monté sur chenilles.

– Merde, ils reviennent pour moi. Le moment est venu de me faire ces chiens de miliciens ! beugla Gabriel.

– Et que le sang coule comme un fleuve, bravo ! Passe-moi l'autre mousse.

Une portière claqua. La tête de Gabriel émergea au ras du plancher. Il pourrait en déglinguer un paquet avant de se faire descendre, peut-être la totalité ; pas le temps de récupérer le fusil israélien, dommage ! Il pointa le Glock sur la silhouette qui enjambait la porte disloquée. C'était Milena. Grondement dehors. L'engin chenillé repartait.

– D'où sortez-vous ? fit Gabriel d'une voix blanche.

Sans répondre, d'un pas mécanique, Milena gagna le séjour. Gabriel s'extirpa de la cave et la rejoignit. Elle s'était drapée de sa fille et pleurait silencieusement.

– Ils m'ont donné une heure, prévint-elle.

Elle le regardait comme aucune femme ne l'avait jamais regardé. Princesse barbare endeuillée.

– Une heure ? s'enquit Gabriel glacé.

– Le temps avant que les premiers effets n'apparaissent. On m'a injecté le virus du sida. Chez nous le VIH est foudroyant. Ils ont fait des essais sur d'autres Kafkas.

– Quoi ? Qui ? Ce médecin de l'hôpital, Carabin ?

Elle sourit vaguement.

– Oui. Sais-tu pourquoi on nous appelle Kafkas ?

– Dites-le moi !

– Quand j'étais grosse de mon fils, alors que

pourtant les choses étaient moins tragiques qu'aujourd'hui, il n'y avait guère possibilité de trouver un logement. On ne voulait pas de moi non plus à l'hôpital, vois comme les temps changent... Alors je suis allée à la mairie pour rencontrer cet homme haineux au crâne pointu. J'ai montré mon ventre et j'ai dit : «Comme nulle part il n'y a place pour moi, *j'irai faire Kafka sur vos tombes !...* »

– Que s'est-il passé ?

– Il a dit que les bougnoules devaient rentrer chez eux. Moi j'ai fait remarquer que c'était lui qui nous avait faits venir pour s'échiner dans les mégisseries. Il a allégué le manque de travail et prétendu que nous sucions le sang des *Saint-Crucifériens*. Ensuite il m'a jetée dehors avec l'aide d'un milicien.

– Comment t'es-tu débrouillée pour mettre au monde Kafka ?

– Des amis de notre communauté ont aidé Felice à rafistoler cette vieille baraque dont personne ne voulait. Ici c'est devenu comme un village. Mais le nom de Kafka nous a été accolé. Après, José est parti vivre sa vie de Sang Chaud à la ville.

Les traits de Milena s'étaient altérés.

– Tu as souffert de son départ ?

– Non. Ce qu'il y a c'est que maintenant je suis très fatiguée.

Était-ce un effet de ce qui venait d'être dit, Gabriel vit Milena se ratatiner. La belle jeunesse s'effaçait de ses traits. Il sembla au Poulpe qu'il assistait à une dessiccation progressive de l'aimée.

– Je n'aurais pas cru cela possible mais je t'aime plus que tout au monde, reprit-elle d'une petite voix chevrotante, tu le savais ?

– C'est réciproque, garantit Gabriel en prenant dans les bras la vieille femme enveloppée de la dépouille filiale.

– J'ai encore tellement de choses à te dire. Je dois être affreuse. Quel âge, je fais ?

– Soixante ans, mentit Gabriel, vous êtes belle comme toujours.

Il caressa le visage de vieux parchemin et souleva ce corps qui se recroquevillait encore. Les canines de la Kafka chatouillaient son cou comme pour une espièglerie. Il souleva Milena jusqu'à ce qu'elle soit à hauteur de son oreille.

– Tu chériras ma mémoire ?

Adoucissant son timbre, il répondit longuement dans la drôle de petite esgourde qui se couvrait de duvet. Après quoi il tendit la sienne. Et ce qui s'est dit ce jour-là entre Gabriel et Milena, nul ne le sut jamais.

18 - Le verdict

Gabriel ne s'appartenait plus. À 20 heures, il déchira sa deuxième manche de chemise et s'en fit un bandana sur lequel il inscrivit «KAFKA» avec le sang de sa blessure temporale. Dans la terre de la cave il avait enfoui Kafka trouvé mort et souriant ; gaieté à laquelle la bière Diplomat ne devait pas être étrangère. Milena avait rapetissé encore. Gabriel la dégagea de ses vêtements trop vastes qui risquaient de l'étouffer. Il vit que son corps aussi se couvrait de duvet.

À 20h15, Gabriel était sur la Muraille de Chine. Arme au pied, torse dénudé, paluches en porte-voix, il agonisait d'ignominies une patrouille milicienne de deux hommes. (Transcrire le vocable utilisé serait malséant et susceptible de mettre en péril l'éditeur qui autorise la chronique des scabreuses aventures du paladin anarchisant. On pourrait tout craindre ; les milices entretiennent des sympathies urbi et orbi). Contentons-nous d'apprendre que Gabriel mit en cause avec brutalité les mœurs des troupiers. Il formula également de sérieuses réserves quant aux facultés reproductrices de ces garçons.

Maintenant la situation était celle-ci : la patrouilleuse se tenait à l'arrêt. À l'intérieur, un milicien argumentait dans une radio. L'autre, les coudes en appui sur la tôle chaude du véhicule réglait l'oculaire d'une jumelle sur le bravache. Le soleil encore vif gênait ses réglages opticiens. On commençait à voir du monde aux fenêtres. Le bouche à oreille fonctionnait. Des Sang Chauds roumains et des Saint-Crucifériens déboulaient du centre-ville. De l'autre coté de la muraille quelques Kafkas lève-tôt chaussaient des lunettes noires en bâillant et échangeaient des propos perplexes. Le milicien radiophoniste avait dû recevoir des consignes de sévérité car il s'était saisi d'un fusil Deer Gun à pompe, calibre 12/76. Il le chargea fiévreusement de cinq cartouches Slugger.

– C'est ça, brûle cette merde ! recommanda sobrement le supplétif jumelé.

L'arquebusier ajusta et fit feu. La gerbe champignonna mais étant donné la distance les plombs s'égaillèrent bientôt. Le matos était inadéquat. Gabriel appuya sur la détente du Galil. La balle fracassa la clavicule de l'arquebusier qui tournoya comme un derviche. Des Roumains-Sangs Chauds émirent d'hésitantes approbations. On entendit des sirènes. Le milicien en bonne santé physique s'était abrité derrière la patrouilleuse. Il considérait son coéquipier d'infortune. Finalement il amena à lui un pistolet-mitrailleur Uzi de fabrication israélienne et s'assura qu'il était chargé. Puis soudain, comme un dément il abandonna la protection du véhicule et lâcha de courtes et furibondes rafales sur l'enculé. C'était assez con vu l'éloignement. Pour Gabriel la distance était appropriée. Le second milicien eut le col du fémur poinçonné et ne se réveilla qu'à l'hôpital d'Angoulême, quatre jours plus tard avec la bouche pâteuse et des séquelles.

La populace s'était mise à l'abri en refluant dans des transversales, se tapissant dans des encoignures, voire s'aplatissant au sol en exultant comme cet ancien d'AFN qui ne sentait plus ses rhumatismes. Trois voitures miliciennes déboulèrent de la rue principale, sirène hurlant à pleins poumons et se positionnèrent en retrait. Leurs occupants étaient casqués et armés lourdement.

C'était l'équipe de nuit. Les hommes de la garde montante. Ceux-là même qui, lorsqu'ils cherchaient à dissiper la poignante mélancolie des nuits et se faire un peu d'argent de poche, venaient se farcir une brochette de Kafkas le long de la muraille.

Gabriel compta quinze hommes et reconnut à leurs pansements ceux avec qui il avait eu des mots. Les miliciens se concertaient en lançant vers le Poulpe des regards éberlués et vengeurs tout en se répartissant des armes telles que : lance-grenades, fusil-mitrailleur, obusier de campagne, fusils d'assaut FAMAS, un lance-roquettes jetable etc.

Le Poulpe n'attendit pas que les supplétifs se déploient. Il alimenta le Galil en balles explosives et alluma les véhicules, cherchant à toucher le réservoir. Un seul s'enflamma mais la surprise fut totale parmi la troupe. Une colonne de feu monta d'un coup après une abominable déglutition implosive qui roussit plus d'un futal. Gabriel concentra son tir sur un des véhicules rescapés qui s'embrasa à son tour avec bruit et effet de souffle. Bientôt on vit courir un homme (c'en était un incontestablement) dépossédé de sa culotte. Les pans de sa bonne chemise de coton fumaient. Ce milicien barjo ou excessivement courageux se ruait sur la muraille. Gabriel ne fit rien pour l'en dissuader. Un badaud prenait des photographies du combat avec un Polaroïd. On faisait circuler les clichés obtenus et les commentait avec passion. Des éléments miliciens se regroupèrent à l'abri du troisième véhicule résistant aux tirs de Gabriel. Il s'agissait du half-track dont le réservoir était pratiquement indestructible, même aux coups d'un Galil manié par un valeureux guerrier, ce que d'ailleurs le Poulpe n'était pas. En désespoir de cause Gabriel prit le parti d'un changement de position stratégique. Cassé en deux il courut sur le chemin de ronde et s'installa quarante mètres plus loin. Bien lui en prit car le créneau occupé précédemment éclata comme les briquettes d'un château-Lego assailli par un morveux furibard. L'impact d'une roquette avait arraché deux mètres cubes de pierres savamment agencées par d'astucieux compagnons à l'aube du huitième siècle.

Gabriel prit dans sa ligne de mire le tireur au but. L'homme n'était pas un inconnu ; il avait un pansement conséquent sur l'occiput. Gabriel visa le genou et dépêcha une balle explosive qui fit à cet endroit un dégât impensable. Huit armes hétérogènes mais puissantes ripostèrent de concert. Ce fut une sacrée incandescence de fer, de feu, de calcaire pulvérulent qui saccagea le chemin de ronde. Un maelström de gaz et de fumées. C'est ainsi qu'à la mémoire des pierres revint le terrifiant cauchemar d'un feu grégeois balancé par de hardis cavaliers supplétifs (déjà !), byzantins et à la solde des Maures. Gabriel, la chevelure et les épaules poudrées, opta pour un décrochage dans l'honneur et plia ses gaules. Il dégringola l'escalier chargé de son barda et découvrit des groupes de Kafkas bien prêts de danser la Carmagnole si on avait pu appointer un orchestre. Quelques-uns parmi les plus jeunes s'étaient munis d'armes rudimentaires : frondes, lances constituées de couteaux de cuisine liés à des manches à balai. Il était question d'en découdre. Ça péta encore là-haut, des salves d'observation, puis tout s'apaisa. Un projecteur se mit à balayer les créneaux. Gabriel revint chez l'amante.

Milena avait encore diminué de volume comme si c'était possible. Le maintien martial du Poulpe inquiéta l'aimée. Gabriel fit sa voix de velours et dit que l'opération de justice était engagée qu'il devait la mener à terme, qu'il serait de retour dans la nuit ou alors c'est que... mais à son avis ce n'était pas à envisager sérieusement. Il chercha comment mettre Milena à l'abri, découvrit un carton de Contrexeville et cala sa protégée dedans avec du coton hydrophile. Ensuite il partit. Milena émit un cri strident qui pouvait être une recommandation.

Il progressa sur les berges de la rivière, marcha cinq minutes sur la vicinale et pénétra dans la forêt. À 2h10 du matin, le torse flagellé par les branches et les ronces il prit pied sur l'esplanade du château. Les fenêtres du rez-de-chaussée et quelques-unes de l'étage étaient éclairées. Gabriel vérifia le chargeur du Glock, tira une balle dans la serrure d'entrée et fit irruption dans le hall où personne ne l'attendait. À la course il visita les pièces du bas. Dans la dernière, le maire abandonna le téléphone et pointa un superposé, spécial sanglier, de marque Kettner. Il lâcha une double décharge dès que Gabriel tourna le bouton. La porte, qui était quelque chose de qualité, arrêta une bonne part des plombs. Quelques-uns cependant traversèrent puis churent épuisés sur les grolles du Poulpe. La plupart ricochèrent follement à l'intérieur arrachant des lambeaux de papier peint, de peinture, de moulure. Ce n'était pas glorieux. Gabriel riposta. Son projectile tarauda l'aine de l'édile. Pour l'extraire il faudra une intervention chirurgicale de trois plombes et quantité de transfusions sanguines. L'homme était pour l'heure couché sur le flanc ; il pressait sa plaie des deux mains et invectivait Gabriel :

– Soudard, immondice, c'est toi qui a fomenté cette émeute des Kafkas !

Gabriel prit le combiné téléphonique qui bourdonnait et le porta à son oreille.

– ...C'était quoi ces coups de feux ? Henri, tu m'entends, faut que tu brûles les comptes rendus d'expériences ; sans preuve on peut rien contre nous. J'en fait autant ici même si c'est toi qui possèdes l'essentiel vu que tu ne me faisais pas confiance. Tu m'entends ? Qu'est-ce qui se passe, Henri ?

– Carabin ? s'enquit Gabriel.

– Hein, quoi ?

Gabriel raccrocha.

– Henri, où elles sont ces archives ?

L'homme à tête de quetsche dit qu'il ne comprenait rien à ce qu'on lui demandait, de toute façon il préférait crever plutôt que discuter avec un allié des Kafkas. Gabriel fit remarquer qu'avec le sang qui coulait de sa blessure à l'aine il allait crever en effet. Le maire considéra ses mains ensanglantées puis curieusement sourit. L'hargneux vibrato d'une corde archère fit effectuer un écart réflexe au Poulpe, le dispensant de périr sur pied. Néanmoins un trait embrocha sa viande d'avant-bras et harponna une poignée d'amour en chevillant les deux éléments. Le membre empêché était celui porteur du Glock. Gabriel fit front au jeune type mais ne put trouver le bon angle de tir malgré une douloureuse gymnastique du poignet. En désespoir de cause il percuta ce qui restait de dragées en direction approximative des guiboles adverses. Un des projectiles se fraya une piste brûlante dans la mécanique d'un pied. Privé de son assiette, l'archer dévissa.

Gabriel en shootant rassembla les armes ennemies dans le hall. Après quoi il ferma la porte à clef sur les deux blessés qui imploraient qu'on les soigne et vouaient le Poulpe aux gémonies. Gabriel leur dit de disposer du téléphone à leur convenance. Dans une salle de bains de l'étage il avisa une armoire à pharmacie et consacra vingt minutes à extraire la flèche et sa pointe de chasse quadrilame. Ce fut une opération douloureuse au cours de laquelle il transpira profusément et gerba dans le lavabo. Le bras pouvait plier et l'artère avait été épargnée. Il désinfecta les blessures, colla dessus des pansements compressifs et se mit en quête des archives. Il les découvrit sur des rayonnages de chêne. C'était trois classeurs pansus répertoriés K 1994, K 1995, K 1996. Ils voisinaient avec la saga du mercenaire blond aryen, le prince pro-yankee Malko. Les couvertures de ces ouvrages étaient barrées du sigle SAS sous lequel des femmes exotiques dénudées brandissaient avec une voluptueuse détermination de l'armement de gros calibre.

Gabriel récupéra la voiture de José sur l'arrière du château où elle avait été parquée. Les clefs étaient au contact. Il semblait qu'on avait examiné minutieusement la Renault 19 : sièges désindexés de leur position, bordel dans le coffre autour des axes de roue du Polikarpov. Basta ! Gabriel déposa sur le siège avant ses armes et les classeurs. La caisse tournait rond ; Gabriel l'engagea dans la descente vers Sainte-Croix-des-Eaux. Des lucioles volaient dans les phares.

19 - Les contemplations

L'émeute avait éclaté dans le bas quartier de Sainte-Croix-des-Eaux après les coups de feu échangés entre le Poulpe et la milice. Les Kafkas s'étaient répandus dans la ville. Ils avaient défoncé des vitrines. D'autres assiégeaient le poste milicien où s'était réfugié le gros des supplétifs. Parfois on entendait un tir à l'arme lourde. Beaucoup de Saint-Crucifériens avaient ouvert leur fenêtre et se dévissaient le cou, attendant incertains l'issue du combat. On courait et hurlait un peu partout dans les rues. Sans dépasser les quinze kilomètres/heure Gabriel slaloma entre des débris d'origines diverses. Il évita les véhicules miliciens calcinés en grimpant sur le trottoir et à l'approche de la Muraille de Chine fendit la foule des Kafkas sans être inquiété. Certaines maisons avaient leur façade noircie. Gabriel franchit la poterne et cahota à l'intérieur de la colonie pénitentiaire jusqu'au logis de Milena.

Le carton de Contrexeville était toujours à sa place et faisait entendre de menus grattements. Gabriel s'en approcha, eut un mouvement de recul puis se raisonna. Il tendit l'oreille pour comprendre ce que disait Milena. Après quoi, il pinça les lèvres comme étreint par une puissante émotion. Derrière la fenêtre il faisait nuit mais parfois des éclairs la zébraient. Gabriel se redressa en poussant un long soupir.

– Je n'aime pas cette idée, dit-il. (Et après un moment d'immobilité) mais si c'est ce que vous voulez et si José est d'accord…

Ils partirent une heure après. Felice était roulée sur le siège arrière à côté du carton de Contrexeville. Les choses s'étaient un peu calmées dans la ville et paraissaient se concentrer autour du poste milicien. Gabriel atteignit sans encombre l'hôpital. Il n'y avait pas de vigile au poste d'entrée. Gabriel arrêta la R19 près des urgences, se munit du Glock et verrouilla les portes de l'auto. Dans le coffre il prit les classeurs et pénétra dans l'édifice hospitalier. Une réceptionniste le regarda passer médusée puis se saisit du téléphone. Gabriel alla directement à la chambre de

Vergeat et jeta les trois volumes d'archives sur le ventre de l'homme couché qui se retrouva sur le séant comme mu par un ressort.

– Voilà de quoi donner du sens à ta vie. Ce serait l'apogée d'une carrière, Vergeat, et œuvre de dépollution.

Le policier considéra les classeurs avec méfiance.

– C'est quoi ?

– Salut, Vergeat !

– Je t'aurai Lecouvreur. Je t'aurai un jour ou l'autre.

– Mais oui…

Gabriel sortit de l'hôpital. La nuit était avancée. Comme il arrivait à l'embranchement de la route d'Angoulême, le half-track surgit de la gauche et lui coupa le passage. Gabriel pila. Le carton de Contrexeville heurta son siège et alla se coincer au fond de l'auto. Milena couinait. Des miliciens sautèrent du véhicule blindé. Gabriel tâtonna à la recherche des grenades. Lorsqu'il sentit une des sphères froides et lisses sous ses doigts, il la dégagea de son alvéole et du pouce l'arma. Ensuite il baissa la vitre et se mit à compter. Les miliciens approchaient. S'ils se mettent à tirer maintenant c'est foutu, jugea-t-il et il reconnut malgré la relative obscurité Carabin qui clopinait derrière les supplétifs.

– Prenez-le vivant, aboya celui-ci. Il faut récupérer les dossiers, monsieur le maire saura vous récompenser !

Gabriel balança la grenade. Un jet court compte

tenu du peu d'ampleur qu'il pouvait donner à son geste. La sphère métallique heurta le bitume, roula en direction des pieds miliciens. Gabriel remonta la vitre, jeta Felice sur le carton de Contrexeville, ferma les yeux et se boucha les or... Un prodigieux éclair de lumière blanche dévora la nuit en même temps qu'un claquement effroyable arrachait les tympans. Les individus en uniforme et Carabin se détachèrent comme des sculptures hyperréalistes sur fond d'encre. Gabriel hébété qui avait ouvert les yeux vit le groupe sonné pour le compte, s'avachir au sol telle une colonie de pantins mous et se mettre à gémir. Du sang coulait des oreilles et des narines et aussi des yeux. Gabriel embraya comme un automate, ballotta sur les taupinières du bas-côté herbu et passa le blindé.

L'aube verra s'arrêter Gabriel à une cabine téléphonique poussiéreuse en bord de nationale et parlementer longuement. Midi le retrouvera endormi à l'hôtel du Bey de Tunis d'Angoulême.

À 12h21, la tenancière ouvrit la porte de Gabriel. La chambre était dans la pénombre. Silencieusement la femme alla déposer une corbeille de confiseries bédouines sur la table de chevet. L'homme dormait sur le ventre en ronflant légèrement, un de ses membres interminables traînait au plancher. La belle tenancière eut son attention attirée par le carton d'eau minérale qui bougeait. Elle écarquilla et vit dépasser une tête brune au museau pointu. Les yeux du minuscule animal étaient fendus en amandes, clairs et excessivement intelligents. Elle se souvint qu'enfant elle avait déjà vu de ces bêtes dans des grottes du Haut-Atlas. Les femmes des mechtas en avaient peur. Lorsque le vent hurleur drossait le sable du désert contre les falaises, ces animaux devenus maboules sortaient de leur trou et piaillaient tels des déments en montrant leurs canines acérées. La tenancière quitta la chambre sur la pointe des pieds tandis que la bête la suivait des yeux.

En fin d'après-midi Gabriel se réveilla sans enthousiasme. Il se leva et fit des préparatifs en évitant comme sous l'empire d'une contrariété ou d'une grosse bouderie de porter les yeux sur le carton de Contrexeville. Plusieurs fois il consulta sa montre (en fait celle de Carabin, rappelons-nous, et qui fonctionnait excellemment bien). Il enfila la chemise dont il avait aménagé la poche de poitrine. Quand ce fut fait il mit la main dans le carton d'eau minérale et sentit aussitôt les petites pattes crapahuter jusqu'à sa paume. D'un geste incertain il porta Milena à hauteur de ses yeux. Le nez de l'animal était sanguinolent. Gabriel desserra les lèvres pour dire quelque chose. Au lieu de quoi il arracha un peu du coton hydrophile qui tapissait sa poche de chemise et maladroitement tenta d'essuyer le museau écorché. L'animal recula en couinant et se tassa sur ses pattes arrières. Ensuite, de la truffe, il écrivit en lettres de sang dans la grande paluche : Il faut...

Le chauffeur de taxi vit sortir de l'hôtel un type penché sur l'avant comme s'il avait mal au cœur.

– Je vous ai monté naguère, se souvint l'homme.

– Restez correct ! avertit Gabriel.

Le nuiteux se renfrogna. La tête d'un chien beige reposait sur son genou droit. Quand Gabriel s'assit dans le véhicule de louage, une paupière de l'animal se souleva découvrant un gros œil corniaud qui se mit à interroger la palpitante bosse pectorale de l'arrivant.

– Où on va ? interrogea le nuiteux en flattant d'une main perplexe le pelage canin parcouru de frissons.

L'enseigne du cabaret-église Fangs barbouillait de rouge la nuit alentour. Le physionomiste se précipita dès que Gabriel descendit du taxi.

– Joséphine a réservé une loge pour vous, dit l'homme, suivez-moi !

Après qu'ils eurent fendu la foule dense, bruyante, moite, Gabriel se retrouva, en fait de loge, dans le transept gauche et séparé de la populace par une grille de fer forgé que le physionomiste avait repoussée sur lui. Deux longs cierges se consumaient en faisant danser des ombres sur la voûte gothique. Dans un vase il y avait du lilas à la senteur étourdissante. Le silence peu à peu s'installa dans l'église et bientôt on n'entendit plus que la respiration de la foule, une sorte de halètement déférent. Milena était légère sur le cœur de Gabriel et soulevée à chaque battement. L'obscurité se fit. Joséphine apparut, haut perchée, extraordinaire, dans le cône de lumière blanche d'un projecteur de poursuite. Milena voyait au-dessus d'elle le menton rugueux de l'Aimé, les ligaments du cou tendus. Elle entendit l'effroyable borborygme de la déglutition lorsque cette machinerie gigantesque de chair et de sang parla :

– Il est encore temps de battre en retraite.

Milena déploya ses ailes membraneuses autant que faire se peut dans son nid de coton et soupira.

– Bon, n'en parlons plus ! conclut Gabriel.

Et Joséphine y alla de son timbre inimitable sur fond de chœur en play-back. Un chef d'œuvre dégoté dans le Quatrième Livre du *Concerto Italien* de Monteverdi sans accompagnement instrumental, troussé ainsi :

Si ch'io vorrei morire
Ora ch'io bacio, Amore,
La bella bocca del mio amato core.
Ahi, cara e dolce lingua,
Datemi tant'umore

...et qu'on pourrait sommairement traduire par :

Comme je désirerais mourir
En ce moment où j'embrasse
Les douces lèvres de ma bien-aimée !

Oh, chère et douce langue,
Donne-moi assez de sève

...Bref, Joséphine interprétait un madrigal à l'exubérante sensualité qui enthousiasma l'auditoire et fit s'inonder de pleurs Milena. De l'ongle, Gabriel caressa délicatement le pelage mouillé de la bien-aimée. Moins d'une minute plus tard elle était morte.

20 - Un rêve

– Gabriel, tu as rêvé ! affirma Gérard.

Maria acquiesça vigoureusement et se tourna vers l'amie du Poulpe en s'essuyant les mains à son tablier :

– Je ne voudrais pas enfoncer le couteau dans la plaie tu sais Cheryl mais c'est ta faute. Un homme a besoin de se nourrir correctement. Dans le cas contraire ça tombe malade et ça délire. Regarde à quelle extrémité tu l'as poussé.

Gabriel mit les coudes sur la table, bâilla et se frotta les yeux.

– Si tu as envie, tu peux venir prendre un bain chaud à la maison ? proposa Cheryl presque timidement en frôlant l'épaule de Gabriel.

Maria et Gérard la considérèrent avec amusement pendant que Gabriel se rappelait ceci : l'eau était tiède dans la bassine et clapotante autour de leurs chevilles. Gabriel et la tenancière berbère venaient d'ensevelir le chiroptère dans le jardinet de l'hôtel. Gabriel préféra un coin à l'ombre. Ce sera bon pour mes hortensias, avait opiné la tenancière qui maintenant suçotait un chibouque en lutinant de l'orteil ceux de Gabriel. Plus tard Gabriel avait fait l'amour avec la femme du sable et du vent jusqu'à ce que la nuit tombe. À l'heure du départ l'homme fit don d'une basane souple et douce à la femme. La belle assura qu'elle la conserverait en souvenir de lui.

Gabriel garantit qu'il avait envie d'un bain chaud mais que pour l'heure il souhaitait décharger les axes de roue du Polikarpov et prendre un peu l'air. Cheryl se rasséréna. Vlad qui sortait des cuisines glissa à Gabriel que c'était con de n'avoir pu lui filer tous les détails sur cette colonie saint-cruciférienne et est-ce que ça s'était bien passé ? Gabriel l'assura que oui. Vlad le suivit dans la rue et l'aida à vider la voiture. Qu'est-ce qu'il faisait du carton d'eau minérale pourri avec ce papelard à l'intérieur qui ressemblait à une récitation écrite au feutre rouge ?

Gabriel d'abord interloqué, empocha le papier et partit jusqu'à son quartier d'enfance accompagné de Cheryl. Il passa nostalgiquement devant l'école communale de la rue Saint-Bernard et finit par échouer sur un banc. Il observa un moment les joueurs de pétanque au flanc de l'église Sainte-Marguerite. Les boules striées comme des grenades flashantes soulevaient la poussière d'un sol dans lequel avait été excavé jadis un charnier de la révolution. Cheryl observait Gabriel et ne comprenait rien à cette mélancolie. La nuit tombait sur la ville. Les lampadaires s'allumèrent. Gabriel sortit le papier humide en soupirant et lut.

Grelottante et fatiguée,
Au terme du chemin je suis
Bientôt plus de dents acérées,
Râtelier que la langue essuie.
Il m'adorait déshabillée.
Elle m'aimera telle que la suie,
Lamentable et desséchée.

– Qu'est-ce que c'est, s'inquiéta Cheryl. Tu peux me répondre, non ?

– Un poème acrostiche.

– Pardon ?

– Un truc dont on isole la première lettre de chaque vers. Verticalement ça forme un mot.

Des insectes bourdonnaient sous les marronniers. Cheryl devint rêveuse. Une chauve-souris se détacha d'un contrefort de l'église Sainte-Marguerite et décrivit de larges huit dans l'air tiède.

G

A

B

R

I

E

L

DÉJÀ PARUS AUX ÉDITIONS BALEINE

1. **Le Poulpe** - Jean-Bernard Pouy
   La petite écuyère a cafté
   Prix Paul Féval de littérature populaire 1996
2. **Le Poulpe** - Serge Quadruppani
   Saigne sur mer
3. **Instantanés de Polar** - Franck Pavloff
   Foulée noire
4. **Le Poulpe** - Patrick Raynal
   Arrêtez le carrelage
5. **Instantanés de Polar** - Olivier Thiébaut
   Larmes de fond
6. **Instantanés de Polar** - Jean-Jacques Reboux
   Le massacre des innocents
7. **Le Poulpe** - Didier Daeninckx
   Nazis dans le métro
8. **Le Poulpe** - Noël Simsolo
   Un travelo nommé désir
9. **Le Poulpe** - Franck Pavloff
   Un trou dans la zone
10. **Instantanés de Polar** - Noël Simsolo
    Couleur sang
11. **Le Poulpe** - Paul Vecchiali
    La pieuvre par neuf
12. **Le Poulpe** - Jean-Jacques Reboux
    La cerise sur le gâteux
13. **Le Poulpe** - Claude Mesplède
    Le cantique des cantines
14. **Le Poulpe** - Pascal Dessaint
    Les pis rennais
15. **Le Poulpe** - Olivier Thiébaut
    Les pieds de la dame aux clebs
16. **Le Poulpe** - Gérard Delteil
    Chili incarné
17. **Le Poulpe** - Bertrand Delcour
    Les sectes mercenaires
18. **Le Poulpe** - Roger Martin
    Le G.A.L., l'égout
19. **Le Poulpe** - Jean-Christophe Pinpin
    Les gens bons bâillonnés
20. **Le Poulpe** - Hervé Prudon
    Ouarzazate et mourir
21. **Le Poulpe** - Guillaume Nicloux
    Le saint des seins

22. **Instantanés de Polar** - Guillaume Nicloux
Zoocity
23. **Canaille/Revolver** - Jean-Bernard Pouy
Spinoza encule Hegel
24. **Canaille/Revolver** - Patrick Raynal
La clef de seize
25. **Canaille/Revolver** - Anne Matalon
Petit abécédaire des entreprises malheureuses
26. **Le Poulpe** - Roger Dadoun
Allah recherche l'autan perdu
27. **Le Poulpe** - Pascale Fonteneau
Les damnés de l'artère
28. **Le Poulpe** - Sylvie Granotier
Comme un coq en plâtre
29. **Canaille/Revolver** - Michel Chevron
Fille de sang
30. **Canaille/Revolver** - Emma Christa
Elles sont pas croyables !
31. **Le Poulpe** - Romain Goupil
Lundi, c'est sodomie
32. **Le Poulpe** - Olivier Douyère
Bunker menteur
33. **Canaille/Revolver** - Alexandre Dumal
Burundunga !
34. **Le Poulpe** - François Joly
Chicagone
35. **Le Poulpe** - Michel Chevron
J'irai faire Kafka sur vos tombes
36. **Canaille/Revolver** - Pierre Filoche
Le banquet des ogres
37. **Le Poulpe** - Mano Gentil
Boucher double
38. **Instantanés de Polar** - Bertrand Delcour
Zen

À PARAÎTRE

39. **Le Poulpe** - Mouloud Akkouche
Causse toujours
40. **Le Poulpe** - Serge Meynard
Lapin dixit
41. **Le Poulpe** - Chantal Pelletier
Lavande tuera
42. **Canaille/Revolver** - Gilles Vander
Divan terrible

Cet ouvrage a été imprimé
sur presse Cameron
par ***Bussière Camedan Imprimeries***
à Saint-Amand-Montrond (Cher)
en octobre 1996

– N° d'impression : 1/2564. –
Dépôt légal : octobre 1996.

Imprimé en France